ウイリアムス神学館叢書

III

今さら聞けない!?
キリスト教

キリスト教史編

Shinji Kikuchi

菊地 伸二

教文館

本書は「永田保治郎師記念基金」により出版された。

まえがき

本書は、日本聖公会ウイリアムス神学館主催の信徒向け「キリスト教講座」第三回目「キリスト教史編」（二〇一六年度）講義録を再構成・加筆修正して一冊の本としてまとめたものです。本書の基となった全一〇回の講座では、初回をワークショップ形式で行い、「キリスト教の歩み（とくに海外を中心に）」というテーマでキリスト教史に関わる質問を出しあい、その質問を残りの九回で答えていく形をとっています。本書の構成に関わる着想も、その中で生まれたと言ってよいでしょう。

講座に参加された信徒の方々からは普段の教会生活からは決して知ることができないさまざまな思いが感じられる問いが寄せられました。そうした問いについてあれこれと考えるのは、とても楽しくもありました。質問の背景には現代を生きる一人ひとりのキリスト者の姿があることが大変よく伝わってきました。そのことを最初に述べておきたいと思います。

「温故知新」という言葉があります。『論語』為政編に由来する言葉で、「故《ふる》きを温《たず》ねて新しきを知る」と訓読しますが、過去の事実を研究し、過去から新しい知識や見識を導き出すことと説明されます。けれども、現代という時代はともすると、溢れ出してくる今、この今を吸収するのが精一杯という感が否めません。少し前のことを思い起こすゆとりすらないのが今という時代ではないかとも思われます。そのような中で、今の時代をより深く知るために昔のことを学ぼうとする姿勢は、それ自体尊いことと言えるでしょう。

その一方で、歴史は覚えなければいけないことが多すぎて苦手という意見の方がいることも確かです。しかし、歴史を学ぶということは過去の出来事や事実を覚えることではありません。ただ話として聞くだけのものでもありません。わたしたちが生きている今に対して「過去が何を語りかけているのか」に耳を傾けながら考えるのが、歴史を学ぶという基本姿勢なのではないでしょうか。その意味で歴史は過去との対話と言えます。よりよい将来のために、過去や過去の出来事を今という場に引き出して対話することだと言ってもよいでしょう。

寄せていただいた質問には「キリスト教の歩み」を辿る中で答えることができるものもありましたが、それをただ辿るだけでは十分に答えることができないような「今を生きる者の視点」からの質問も多くありました。そこで本書では、第Ⅰ部として「キリスト教の歩み」に沿って歴史を概観し、大きな流れの中でさまざまな問いについて考えた後、それだけでは十分に答えられない質問については第Ⅱ部「キリスト教を巡る諸問題」で取り上げ、今日の視点からのレスポンスも試みたいと思います。

目　次

3　中世キリスト教　59

目　次

Ⅰ　キリスト教の歩み

1　はじめに

キリスト教の現状

キリスト教はイスラム教、仏教と並んで、世界三大宗教のひとつに数えられています。『なるほど知図帳世界2019』によれば、キリスト教の人口は二四・五億人、イスラム教は一七・五億人、仏教は五・二億人となっています。*

キリスト教はヨーロッパ、北アメリカ、南アメリカ、オセアニアで信徒が多く、アフリカやアジアの一部でも熱心に信仰されています。アジアではフィリピンや韓国に多くのキリスト教徒がいます。日本は仏教人口が多い国の一つにあげられ、全体として仏教、神道の人口比率が非常に高く、キリスト教の人口は全体のわずか一・五％程度に留まっています。

キリスト教には多くの教派がありますが、大きくローマ・カトリック、プロテスタント、東方正教会の三つに分けることができます。教派の中でもっとも信徒数が多いのはローマ・カトリックですが、ヨーロッパではイタリアやスペインやフランスなどに、アジアではフィリピンなどに集中しているほか、南アメリカでは多くの国がカト

*『なるほど知図帳世界2019　ニュースと合わせて読みたい世界地図』昭文社、二〇一八年、五九―六〇頁参照。

リックの信者で占められています。プロテスタントについては、ヨーロッパでは北欧の国々、イギリス、ドイツ、オランダなどに、また、北アメリカやアフリカに多く見られます。東方正教会はロシアをふくむ東欧に集中しています。キリスト教も工業化、都市化が進んだ社会における宗教の退潮という現象から免れてはいません。特にヨーロッパと北アメリカにおいてその傾向は顕著です。

日本における宗教人口について、文化庁の『宗教年鑑　平成三〇年版』*を見てみましょう。宗教ごとの信者数は、神道系がおおよそ八六〇〇万人、仏教系は八五〇〇万人、キリスト教系は一九二万人となっています。その他もふくめたすべての宗教人口を合計すると、驚くべきことに、一億八千万人となります。日本の総人口は一億二七〇九万人（平成二七年国勢調査）なので、実に一・五倍近くになります。奇異な印象をもたれると思いますが、ダブルカウント、場合によってはトリプルカウントされている人が非常に多くいるということなのです。このような国は他に類例がないのではないかと思われます。それでいて「自分は無宗教」と言う人が大半を占めているというのが日本における宗教の現状と言えるのかもしれません。

* http://www.bunka.go.jp/tokei_hakusho_shuppan/hakusho_nenjihokokusho/shukyo_nenkan/pdf/h30nenkan_gaiyo.pdf（アクセス 2019/8/20）

キリスト教史の時代区分

イエスが誕生したとされる年を基準にした西暦（Anno Domini）は今日まで、およそ二〇〇〇年続いており、これが「キリスト教の歩み」の期間ということになります。時代区分の仕方は必ずしも一様ではありませんが、ここでは最初の五〇〇年を「古代」、次の一〇〇〇年を「中世」、残りの五〇〇年を「近現代」とします。近現代については最初の一〇〇年から一五〇年の「近世」に相当する部分を「宗教改革の時代」、その後の二五〇年から三〇〇年を「近代」、最後の一〇〇年を「現代」と分けてみることにします。

古代と中世は、四七六年に西ローマ帝国がゲルマン民族によって滅ぼされ、四九六年にゲルマン民族のうちの一つ、フランク族のクロービスがカトリック教会に改宗するという出来事によって分けられます。中世と近世は、一四五三年のオスマン帝国による東ローマ帝国の滅亡、一五一七年のルター「九五箇条の提題」による宗教改革の始まりによって分けられます。

〈古代〉西暦一世紀～五世紀
　四七六　西ローマ帝国滅亡
　四九六　クロービス、カトリックに改宗
〈中世〉六世紀～一五世紀
　一四五三　東ローマ帝国滅亡
　一五一七　ルター「九五箇条の提題」
〈宗教改革の時代〉一六世紀～一七世紀

〈近代〉一七世紀〜一九世紀
〈現代〉二〇世紀〜

キリスト教はどのように世界に広がっていったのか

キリスト教はどのように世界各地に伝わっていったのか、その経緯、経路について確認しておきましょう。キリスト教の歴史とは、ある意味で福音宣教の歴史、伝道の歴史です。時代を通して、教会の広がりや変遷を跡づける作業には厖大な資料が必要となってきます。それはキリスト教史の本を一冊執筆するのに等しい作業と言っても過言ではなく、その過程は直線的には描けません。地域や時代によって、オセロゲームのように、ひっくりかえって別の宗教が優勢になることも多くあります。また、同じ土地に重層的に違う教派が入ってきて、入り組んだ状況が生じることもあります。

ここでまず、キリスト教の歩みについて大まかな経緯を述べていくことにしましょう。キリスト教が生まれたのは今日のイスラエル、パレスティナと呼ばれている地です。イエスはそこで生まれ、活動し、亡くなりました。地中海周辺の地図で確かめておきましょう。地中海の東端の海岸近くにベツレヘム、ナザレ、エルサレムといったイエスとなじみの深い地名を見ることができます。キリスト教が誕生したのはまさにこの地域です。この地域から地中海周辺の世界へとキリスト教は広がっていきました。それはまさに当時の世界の中心とも言える地域でした。

黒　海
グルジア
ティア
ダキア
イリリクム
トラキア
コンスタンティノポリス
カルケドン
ポントス
カッパドキア
アルメニア王国
ガラテヤ
アルメニア
フィリピ
ニカイア
メソポタミア
マケドニア
ニュッサ
カイサリア
エデッサ
テサロニケ
アジア
ナジアンゾス
オスロエネ
トロヤス
ラオディキア
タルソス
エフェソ
アンティオキア
コロサイ
シリア
アカイア
コリント
アテネ
パタラ
ミュラ
エメサ
フェニキア
ダマスコス
クレタ
キプロス
ナザレ
メギド
ベツレヘム
エルサレム
マサダ
アラビア
地　中　海
アレクサンドリア
パレスチナ
キュレネ
エジプト
リビア
紅
海
テバイス
ナグ・ハマディ
海

古代のキリスト教世界

（▨はローマ帝国の最大領域）

地図中の斜線部はローマ帝国の最大版図です。キリスト教は古代ローマ世界の中を広がっていきました。三世紀ごろには「カトリック教会」と呼べるものが成立したとされています。このカトリック教会は厳密にはのちのローマ・カトリック教会とは区別されます。カトリックとは本来、「公同的」「普遍的」などと訳される語で、イエス・キリストの教えのもとにひとつになっている教会という自分たちのアイデンティティがこの名に示されていると言えるでしょう。ローマ帝国の中で当初キリスト教は迫害されていましたが、三九二年にローマ帝国の国教となります。これは古代のキリスト教にとって最大の出来事でした。しかし、ローマ帝国はその後、政治的、地理的、文化的背景などの違いから、西ローマ帝国と東ローマ帝国に分裂し、教会の関係も疎遠になっていきます。

西ローマには帝国の分裂からほどなくして、ゲルマン民族が南下し、やがて西ローマ帝国を滅ぼしました。地中海を囲むようにして発展した古代のキリスト教は、その後、中心舞台を北に移動させ、今日のヨーロッパ文明の中心地域で新たに展開していくことになります。東ローマの教会は、一〇五四年東西教会の分裂後、東方正教会として別の道を歩き始めます。

「キリスト教の伝播」と題した地図（二〇頁）を見てみましょう。〇で囲んだ数字はその土地にキリスト教が最初に布教された世紀です。地中海周辺、ヨーロッパ周辺には一桁の数字が多く見られます。すでに述べたように、この地域には一〇世紀あたりまでにはキリスト教が広がっていました。アフリカ、インド、中国にも一桁の数字が見られますが、⑮と⑯、特に⑯は世界的な広がりを見せています。つまり、一五世紀から一六世紀にかけて、キリスト教の分布に大きな変化があったのです。この世界への広がりにはスペインとポルトガルが深く関係しています。この二つの王国は世界を二分し、それぞれ領域を決めて、海外進出を図りました。

ヨーロッパのキリスト教は教会が世界中に非常な勢いで広がっていく一六世紀に大きく変化していきます。そのことを何よりも特徴づけるのが一五一七年に始まるルターの宗教改革であり、それはローマ・カトリック教会のあり方にさまざまな形で「抗議する」「異議を唱える」（＝プロテストする）活動でした。その結果として誕生したのが、いわゆるプロテスタント教会です。

図中の矢印つきの線はフランシスコ・ザビエルの日本への渡航路です。よく知られているように、日本へのキリスト教伝来も一六世紀のことです。

また、⑲という数字も多く見られ、一九世紀にも大きな布教運動があったことがうかがえます。鎖国、キリスト教禁教を経た日本が新たにキリスト教と出会うのもこの時代です。

ある本に「アメリカ人はなぜ西欧人よりも信心深いのか」という問いについて書かれていました。アメリカとヨーロッパではキリスト教の担い手は共通しているところが多いのに、なぜキリスト教の伝わり方に違いが見られるのかが考察されていました

J・H・クラウセン『キリスト教のとても大切な一〇一の質問』高島市子訳、創元社、二〇一〇年、一五四―一五七頁。

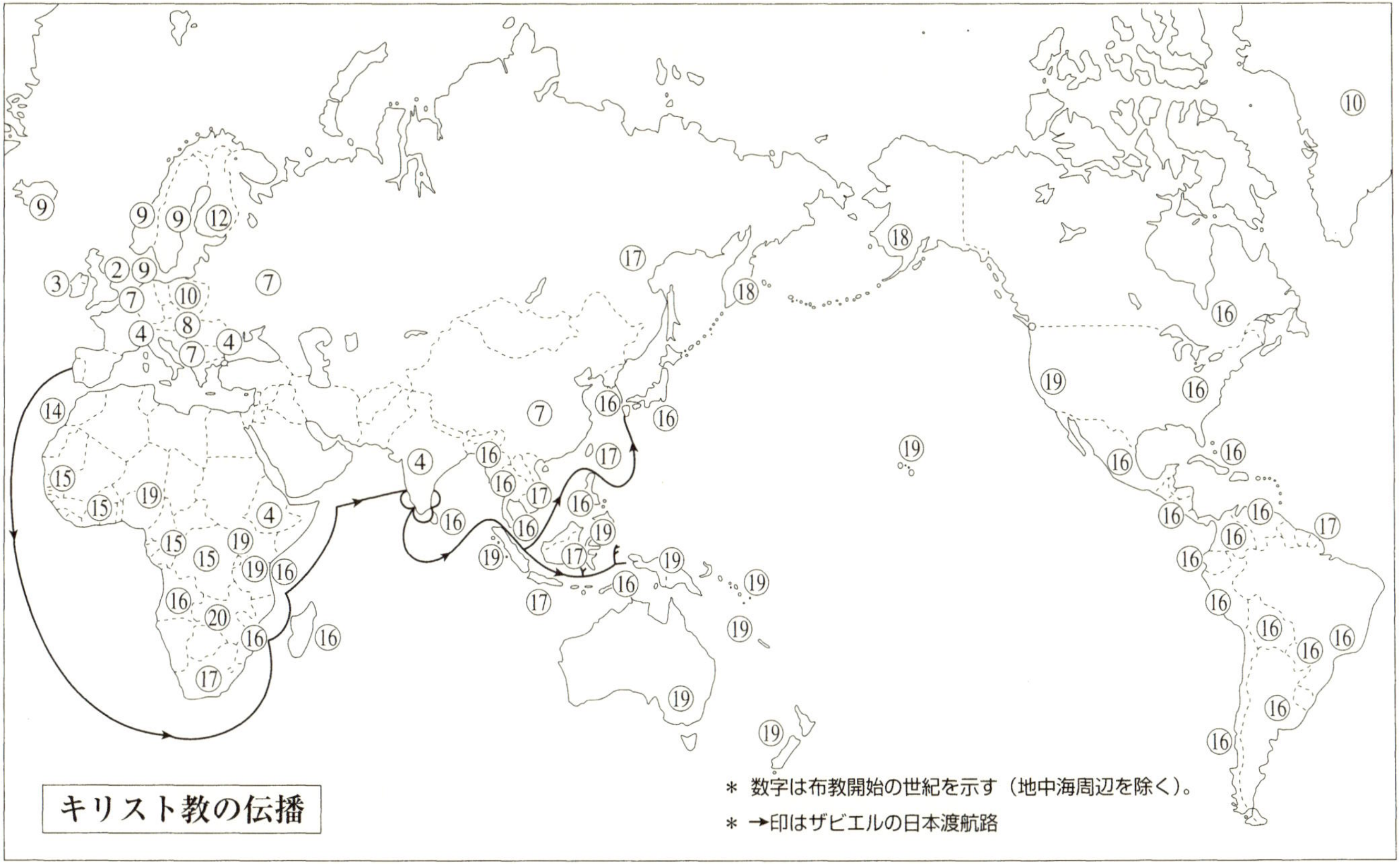

キリスト教の伝播

＊ 数字は布教開始の世紀を示す（地中海周辺を除く）。

＊ →印はザビエルの日本渡航路

が、アメリカに渡ったキリスト教徒は、西欧で宗教的少数者であった人が多く、それだけにキリスト教を守ろうとする思いが強かったのではないかという主旨のことが書かれていて、非常に興味深く思いました。

　キリスト教の歴史とは宣教の歴史であると言ってもいいほど、宣教はキリスト教の歴史の中で重要な意味をもっています。マタイによる福音書二八章にはイエスの宣教命令が記されています。


　だから、あなたがたは行って、すべての民をわたしの弟子にしなさい。彼らに父と子と聖霊の名によって洗礼を授け、あなたがたに命じておいたことをすべて守るように教えなさい。わたしは世の終わりまで、いつもあなたがたと共にいる。

（マタイ二八・一九―二〇）


　また、使徒言行録は使徒たちの宣教の記録を克明に記したものに他なりません。今日のキリスト教の分布を見ると、実に広範囲にキリスト教は広がっていますが、果たしてどのように広がっていったのでしょうか。

　古代におけるキリスト教は、今日の中近東に発祥し、トルコやヨーロッパの南部、またアフリカの北部に広がる地中海周辺の宗教でした。中世におけるキリスト教の中心はヨーロッパでは北部に移動していきますが、中近東地域にも中心が形成され、そこから東ヨーロッパに伝播していきます。総じてキリスト教がヨーロッパの宗教であるという理解の原型がこの時にできあがったと言ってよいでしょう。

宗教改革以後、新たな宗派が次々に誕生します。また、航海術の発展を背景にカトリックの国々が非ヨーロッパ圏にキリスト教を広げました。スペインやポルトガルが南米に、プロテスタントの国々が北米にキリスト教を伝えていくのもこの時代です。

アフリカにキリスト教が伝わったのは二世紀にまで遡ることができます。アフリカ北部、地中海岸のカルタゴやアレクサンドリアがその中心地でした。しかし、その後、イスラム教の勢力下となります。大航海時代の一五世紀にアフリカの一部にキリスト教が伝わりますが、本格的なキリスト教の布教は一九世紀を待たなくてはなりません。オセアニアには一八世紀後半以降に伝わったと考えられており、歴史的経緯から当然イギリスの大きな影響下にありました。

アジア、厳密には東アジア、東南アジアへのキリスト教伝来については、唐代の中国にキリスト教が伝わっていたことは知られていますが、これについては諸説あるようです。日本を含め、アジアにはっきりとした形で伝わっていくのは、やはり一六世紀のことと考えるべきでしょう。日本は鎖国でキリスト教の伝統は公式には中断し、一九世紀半ば以降にキリスト教は再伝来あるいは解禁されました。韓国についても一六世紀をキリスト教伝来の端緒としつつ、本格的に伝わるのは一八世紀後半と言われています。

2　古代キリスト教

キリスト教二〇〇〇年の歩みのうち、イエスの活動から西ローマ帝国滅亡までの約五〇〇年が古代キリスト教の時代です。この時代はさらに三つに区分できます。

第一期「イエス・キリストの死と教会の誕生」（一世紀）
第二期「カトリック教会の成立」（二―三世紀）
第三期「ローマ帝国の教会」（四―五世紀）

第一期「イエス・キリストの死と教会の誕生」はイエス・キリストの生涯を大前提としています。それにイエスの十字架上の死、復活への信仰に基づいたキリスト教会の誕生が続きます。その後ほどなくして、使徒会議のようなものが開かれ、かなり初期の段階からエルサレムを中心とするユダヤ人中心の教会と、異邦人*を中心とする教会の間に意見の相違があったことがうかがわれます。また、今日の新約聖書に収められている書のほとんどがこの時期に書かれました。

異邦人
ここでの異邦人は単なる「外国人」の意味ではなく、非ユダヤ教徒という意味。

キリスト教はユダヤ教を背景として、それを母胎として誕生しました。イエスはユダヤ社会の中で生まれ、宣教しました。弟子たちもすべてユダヤ人です。新約聖書ではユダヤ教の律法主義が強く批判されていますが、これはキリスト教側の見解です。キリスト教はユダヤ教から分かれ出た後、地中海世界、ヨーロッパ世界へと広まっていく中、ローマ国教としての地位を得るまで、ユダヤ教と競合していたと考えられています。よく知られているように、パウロはユダヤ教の会堂を宣教の足がかりとしていました。

第二期「カトリック教会の成立」はキリスト教が多くの異邦人のあいだに伝わっていく時期です。その中でキリスト教会に混乱が見られるようになっていきます。異なる文化と出会い、交わることによって揺らぎも生じてきます。自分たちは一体何を信じたらよいのであろうか、どの書を権威ある書として捉えていくことが必要なのか、職制*についてはどのように考えたらよいのか。こうしたことが少しずつ形をとっていきました。しかし、その過程では、今日的視点からは、いわゆる異端と呼ばれるものも多数生まれました。キリスト教のアイデンティティが問われていた時期と言ってよいかもしれません。「公同なる」「普遍的な」といった意味をもつ「カトリック」という言葉で形容される教会の成立は、まさにそうした言葉の実現を目的としていました。この時期にはキリスト教はまだローマ帝国内で公認されておらず、信徒の数が次第に多くなると、迫害の対象になりました。迫害も当初は局地的なものでしたが、次

職制
教会を維持・運営するために定められた奉仕の職務制度。監督・長老・執事の三段階へと発展した（カトリック教会では司教・司祭・助祭、聖公会では主教・司祭・執事と呼ばれる）。

第に組織的なものになっていきます。

第三期「ローマ帝国の教会」はキリスト教がローマ帝国に公認された後の時代です。コンスタンティヌス大帝の働きには大きなものがありました。その後、キリスト教に異を唱えた皇帝もいましたが、三九二年にテオドシウス帝の下で国教となります。この時期には公会議がローマ帝国全土におよぶ規模で四回も開催されています。その中で三位一体*の神や、キリストの神性・人性をめぐる議論*が交わされました。アウグスティヌスなど教会の精神的指導者とも言うべき教父が登場したことも無視できません。しかし、この時期も後半になると帝国は東西に分裂し、ゲルマン民族の南下によって、次第に帝国としてのまとまりは失われていきました。四七六年には西ローマ帝国が終焉を迎えます。東ローマ帝国は存続しますが、東西の教会はそれぞれ異なる運命を辿ることになります。

三位一体論
キリスト教の中心的教義の一つ。唯一の神が父、子、聖霊という三つのペルソナ（位格）と一つの実体において存在するとする。

キリストの神性・人性
本書五三—五六頁参照。

イエスの十字架と救済

キリスト教の出発点として、イエスの生涯を語ることから始めるのが一般的ですが、ここでは人びとの心に深く突き刺さっているイエスの十字架の出来事の意味から始めてみたいと思います。

イエスは十字架において人びとのために自身を犠牲として捧げました。これがキリスト教の出発点です。しかし、「イエスの十字架なしでは救済はなかったのか」という問いがときに発せられます。そこまでしなければ救済はなかったのだろうか……。イエスという人間への思いが増せば増すほど、この問いは心情的に大変よく理解できるものになっていきます。しかし、確認しておかなければならないのは、イエスが十字架にかけられたことと犠牲として捧げられたことは本来、全く別のことであったということです。

ここでいう十字架は十字架刑*という処刑法のことです。ギリシア語ではスタウロス、ラテン語ではクルクスと言いますが、もともと地面に垂直に打ち込まれた杭を意味します。十字架刑というより磔刑と訳した方がよいようです。その杭の上端をとがらせ、その杭に串刺しにするのが十字架刑の前身であったと言われています。やがて、単純な杭の代わりにT字型や十字架形の木が用いられるようになり、処刑される者は横木を担がされて刑場に向かい、あらかじめ地面に立てられた杭の上に横木ごと架けられるようになりました。この処刑法での死因は呼吸と血液循環の障害、窒息でした。キリスト教徒ではなかった哲学者のキケロも「もっとも残酷でもっとも忌むべき処刑法」と言ったほどのものです。

ユダヤ人にとって、この処刑は合法ではありませんでした。ローマ統治下における十字架刑は、強盗、殺人者、異邦人、また奴隷など下層階級出身の重罪人に適用されるという慣例もありました。残酷であることに加え、恥辱的で、もっとも大きく軽蔑を受ける処刑法だったのです。

十字架刑
『新カトリック大事典』第三巻、研究社、二〇〇二年、一三四一一三五頁参照。

犠牲*というのは宗教において重視されるもので、それはユダヤ教の祭儀においても例外ではありません。奉献物は焼き尽くす捧げもの、和解の捧げもの、贖罪の捧げもの、賠償の捧げもの、穀物の捧げものなどで、大きく有血と無血に分けられます。古代のユダヤ教が重視したのはもちろん前者でした。キリスト教はユダヤ教のいけにえ祭儀の倫理的側面を引き継いでいると言えるでしょう。

ここで重要なのはイエスの十字架上の死は、いけにえの死と見なされているということです。とくにヘブライ人への手紙は、旧約聖書のいけにえとの対比においてイエスの死を特徴づけています（二・九―一四、九・一五―一七、二二、二五―二八、一三・一一、一二〇）。

こういうわけで、キリストは新しい契約の仲介者なのです。それは、最初の契約の下で犯された罪の贖いとして、キリストが死んでくださったので、召された者たちが、既に約束されている永遠の財産を受け継ぐためにほかなりません。（九・一五）

キリストも、多くの人の罪を負うためにただ一度身をささげられた後、二度目には、罪を負うためではなく、ご自分を待望している人たちに、救いをもたらすために現れてくださるのです。（九・二八）

犠牲
『新カトリック大事典』第二巻、研究社、一九九八年、一三四―一三八頁参照。

それで、イエスもまた御自分の血で民を聖なる者とするために、門の外で苦難に遭われたのです。（一三・一二）

このように、キリスト教は旧約聖書の犠牲の概念を用いながら、イエス・キリストの血によって犠牲の内容を捉え直したと言えます。それによって、十字架にかけられたことと犠牲として捧げられたことが不可避的に結びつくことになったのです。したがって、「イエスの死は、あのような十字架上の死である必要があったのか」という問いは心情的にはよくわかるのですが、それは受け止めなくてはならない、ぬぐい去ることのできない事実、もっと言えば、すべてのことの原点となるような事実、いわば「原事実」なのです。まず十字架の出来事があり、そのイエスが今も生きている、よみがえったということをさまざまな形で体験したとき、弟子たちはイエスの十字架とは一体何だったのだろうかと思い巡らせました。それがすべての始まりだったのだということを理解しておく必要があるように思います。

教会の誕生

キリスト教はイエスを救い主（クリストス）として信ずる宗教ですが、広くそう認められるようになるまでには時間を要しました。ちなみに「クリスチャン」「キリスト者」（クリスティアノス）という語はシリアのアンティオキアで最初に用いられるよ

The Oxford Dictionary of the Christian Church, Oxford, 1997, 809-812 参照。

うになったとされています（使一一・二六）。

今日において聖霊降臨日（ペンテコステ）は教会の誕生を祝うという点で重要な意味をもっていますが（使二・一―一三）、最初の教会がどこで誕生したのかについてははっきりしたことがわかっているわけではありません。エルサレムだったのでしょうか、イエスや弟子たちの故郷ガリラヤだったのでしょうか。

草創期の教会がどのような共同生活を営んでいたかについては使徒言行録に記事があります。

信者たちは皆一つになって、すべての物を共有し、財産や持ち物を売り、おのおのの必要に応じて、皆がそれを分け合った。そして、毎日ひたすら心を一つにして神殿に参り、家ごとに集まってパンを裂き、喜びと真心をもって一緒に食事をし、神を賛美していたので、民衆全体から好意を寄せられた。こうして、主は救われる人々を日々仲間に加え一つにされたのである。（使二・四四―四七）

使徒言行録はユダヤ人でヘブライ語を話すキリスト者（ヘブライオイ）とギリシア語を話すキリスト者（ヘレニスタイ）との間に仲違いがあったと記しています（六・一）。その後、ステファノの逮捕・説教・殉教があり、ギリシア語を話すユダヤ人の多くはエルサレムから離れ、周辺の地域で宣教を展開していきます。一方、ヘブライ語を話すユダヤ人はエルサレムを中心にキリスト教を伝える活動を続けました。

ヘブライオイとヘレニスタイ

ギリシア語で「ヘブライオイ」*は「ヘブライ語を話す人たち」、「ヘレニスタイ」*は「ギリシア語を話す人たち」といった意味です。エルサレムのユダヤ人はその二つに分けることもできました。

ユダヤ人であれば、旧約聖書が書かれたヘブライ語を理解し、話せるはずと考えるかもしれませんが、当時ユダヤ人のすべてがヘブライ語を理解し、話せるわけではありませんでした。歴史を遡れば、国の滅亡などの歴史的経緯からユダヤ人はすでに紀元前六世紀頃から世界各地に住むようになっていました。これをディアスポラ（「離散」の意）と呼びます。その子孫たちはユダヤ教の教えを守っていましたが、新たに住みついた土地の言語が生活の中で主として用いられるようになっていくのは当然の成り行きでした。また、前四世紀後半のアレクサンドロスの大征服以来、ギリシア語は世界規模で影響力を持つようになっており、すでに前二世紀には旧約聖書はアレクサンドリアでギリシア語に訳されていました。

新約聖書の時代にはエルサレムにおいてさえ、ギリシア語を母語とするユダヤ人とヘブライ語を母語とするユダヤ人がいて、それぞれ別の言語を使いながら、会堂を中心とした信仰生活を送っていたと考えられます。使徒言行録に記された仲違いは具体

*ヘブライオイ、ヘレニスタイ　N・ブロックス『古代教会史』関川泰寛訳、教文館、一九九九年、一七―二一頁参照。

的な協力をする必要が出てきたときに言語的な背景を異にする両者の間に生じました。ちなみに、殉教したステファノはヘレニスタイの代表者であり、その殉教に加担したパウロもギリシア語を話すディアスポラのユダヤ人でした。ただ、パウロは育った文化的環境からヘブライ語を話すこともできたようです。

女性の弟子たち

イエスの弟子というと、十二人の弟子を連想する人が少なくないように思います。レオナルド・ダヴィンチの名画「最後の晩餐」にもイエスを中心に十二人の弟子が描かれています。映画「ダヴィンチ・コード」ではイエスの隣に座っている弟子が女性ではないかと話題になりましたが、弟子は全員男性であるという前提があるからだと思います。これらの弟子が「使徒」と呼ばれていることは福音書に記されている通りですが、新約聖書では他にも使徒と呼ばれている人がいます。パウロその人ですが、そのパウロの言葉に耳を傾けてみましょう。

　最も大切なこととしてわたしがあなたがたに伝えたのは、わたしも受けたものです。すなわち、キリストが、聖書に書いてあるとおりわたしたちの罪のために死んだこと、葬られたこと、また、聖書に書いてあるとおり三日目に復活したこと、ケファに現れ、その後十二人に現れたことです。次いで、五百人以上もの兄弟たちに同時に現れました。そのうちの何人かはすでに眠りについたにしろ、大部分は今なお生き残っています。次いで、ヤコブに現れ、その後すべての使徒に現れ、そして最後に月足らずで生まれたようなわたしにも現れました。

（一コリ一五・三―八）

「五百人以上もの兄弟たち」（新共同訳）となっていますが、文法的には男性だけでなく女性も含まれていると考えられますので、「兄弟姉妹たち」と訳した方がよいかもしれません。

パウロは生前のイエスに直接会ってはいませんでした。キリスト教徒に攻撃を加えているさなかに、復活のイエスと出会い、それによって回心という大転換がおとずれることになります。パウロが使徒と呼ばれるのは、復活のイエスに出会ったからということに重点が置かれていることは言うまでもありませんが、このようなパウロも弟子と呼んでよいのではないでしょうか。弟子はギリシア語で「マテーテース」と言います。「学ぶ」を意味する「マンタノー」に由来する語です。師の下で師から学ぶ人たち、これが弟子の姿です。ですから、復活のイエスの弟子とは、復活のイエスと出会い、そのイエスから学び続ける人びと、つまり、キリスト者という意味で捉えることができるのです。

ところで、そのような女性を聖書の中に見出すことはできるでしょうか。正直なところ、それは難しいかもしれません。ローマの信徒への手紙の最終章、一六章一節—二三節を見てみましょう（一七—二二節を省略）。

1ケンクレアイの教会の奉仕者でもある、わたしたちの姉妹フェベを紹介しま
す。2どうか、聖なる者たちにふさわしく、また、主に結ばれている者らしく彼
女を迎え入れ、あなたがたの助けを必要とするなら、どんなことでも助けてあげ
てください。彼女は多くの人々の援助者、とくにわたしの援助者です。3キリス
ト・イエスに結ばれてわたしの協力者となっている、プリスカとアキラによろし
く。4命がけでわたしのいのちを守ってくれたこの人たちに、わたしたちだけで
なく、異邦人のすべての教会が感謝しています。5また、彼らの家に集まる教会
の人々にもよろしく伝えてください。わたしの愛するエパイネトによろしく。彼
はアジア州でキリストに献げられた初穂です。6あなたがたのために非常に苦労
したマリアによろしく。7わたしの同胞で、一緒に捕らわれの身となったことの
ある、アンドロニコとユニアスによろしく。この二人は使徒たちの中で目立って
おり、わたしより前にキリストを信じる者となりました。8主に結ばれている、
愛するアンプリアトによろしく。9わたしたちの協力者としてキリストに仕えて
いるウルバノ、および、わたしの愛するスタキスによろしく。10真のキリスト信
者アペレによろしく。アリストブロ家の人々によろしく。11わたしの同胞ヘロ

ディオンによろしく。[12]主のために苦労して働いているトリファイナとトリフォサによろしく。主のために非常に苦労した、愛するペルシスによろしく。[13]主に結ばれている選ばれたルフォス、およびその母によろしく。彼女はわたしにとっても母なのです。[14]アシンクリト、フレゴン、ヘルメス、パトロバ、ヘルマス、および彼らと一緒にいる兄弟たちによろしく。[15]フィロロゴとユリアに、ネレウスとその姉妹、また、オリンパ、そして彼らと一緒にいる聖なる者たち一同によろしく。[16]あなたがたも、聖なる口づけによって互いに挨拶を交わしなさい。キリストのすべての教会があなたがたによろしくと言っています。……[21]わたしの協力者テモテ、また同胞のルキオ、ヤソン、ソシパトロがあなたがたによろしくと言っています。[22]この手紙を筆記したわたしテルティオが、キリストに結ばれている者として、あなたがたに挨拶いたします。[23]わたしとこちらの教会全体が世話になっている家の主人ガイオが、よろしくとのことです。市の経理係エラストと兄弟のクアルトが、よろしくと言っています。

二重線（‖）を付した人名は女性です。波線（〰）はそれらの女性の役割、職務を示しています。フェベについては「奉仕者」「援護者」と記されています。プリスカ（とアキラ）は「協力者」とよばれており、「命がけでわたしの命を守ってくれた人」、パウロも含めて「異邦人のすべての教会の人たちが感謝している」とも記されています。また、家に集まる教会の受入者であることも記されています。マリアについては「非常に苦労した人」と書かれています。トリファイナとトリフォサとペルシスについては「主のために苦労して働いている人」として紹介されています。ユニアスについては「使徒」と呼ばれています。

「奉仕者」と訳された言葉の原語はディアコノスです。聖職の「執事《ディーコン》」と同一視してよいかについては解釈が分かれますが、教会共同体の中でしかるべき役割を担い、大切な仕事をする人であったことは確かでしょう。「援護者」の原語はプロスタティスで、これには財政的なサポートをしていたことが含まれています。「協力者」は原語ではスネルゴスです。「共に働く者」という意味なので、「同労者」「協働者」とも訳せる言葉です。パウロがそのように呼んでいることに注目してよいと思います。家の教会の受入者というのは、家庭集会のホストのような人と考えてもいいかもしれません。「非常に苦労して働いている人」というのは、ギリシア語ではコポス、コピアオーですが、相手のために労を惜しまないという意味もあります。主のために苦労して働いているとも書かれていますが、この場合には、主イエスを宣教することと捉えることも可能でしょう。「使徒」はアポストロスですが、これはパウロ書簡においては「復活のイエスに出会った」という意味でもあるように思います。そうであればこそ、ユニアスは一緒に捕われの身となることもできたのではないでしょうか。

この箇所はローマの信徒への手紙の最後の部分であり、各々の人びととの具体的な行為について事細かに記されているわけではありません。ただ、パウロは自分と関わりのある人びとに挨拶を交わす中で、男性だけでなく、数多くの女性の名前を出しており、しかもその女性たちが実質的に、教会共同体において非常に積極的な役割を担っていることが感じ取れます。今日の教会のように聖職位が固定されていたとは考えにくいのですが、教会共同体の中で、お互いが福音宣教のために、共に働く人びととして、相手を尊重しながら働いている様子がうかがえるのではないでしょうか。

主の兄弟ヤコブ

エルサレムを中心に活動したユダヤ人キリスト者の中には、ペトロや主の兄弟ヤコブが含まれます。こうした人たちはユダヤ教がそれまで大切にしてきた律法を引き続き守っていこうとする姿勢が強かったようです。当初のキリスト教徒はみなユダヤ人でしたので、律法を守るのは当たり前という感覚もあったのでしょう。しかし、エルサレムから離れて、周辺の地でキリスト教を伝えようとした人びとは、必然的にユダヤ人ではない人、異邦人を宣教の対象としていました。異邦人にキリスト教を伝えようとするとき、かれらもユダヤ人と同様に律法を守る必要があるのかが次第に問題となっていきました。この問題を強く意識していたのが他ならぬパウロでした。

エルサレムの教会の中心には「主の兄弟ヤコブ」という人がいました。イエスと生活を共にしていたヤコブという人物は三人います。一人目は十二人の弟子の一人、ゼベダイの子ヤコブです。ヨハネの兄弟であり、もともとガリラヤの漁師で、シモン、アンデレ、ヨハネらとともにイエスの最初の弟子となったとされている人物です（マコ一・一九、三・一七他）。弟子の中でもっとも信頼されていましたが（マコ五・三七、九・二他）、最後はヘロデ・アグリッパの迫害により殉教したとされています（使一二・一―三）。二人目は同じく十二人の弟子の一人、アルファイの子ヤコブです（マコ三・一八）。一人目のヤコブと区別して、小ヤコブと呼ばれます（マコ一五・四〇）。

三人目のヤコブが「主の兄弟」と呼ばれたヤコブです（マコ六・三）。イエスとの関係は必ずしもよかったわけではないようですが（ヨハ七・五）、復活したイエスはこの人に現われ（Ⅰコリ一五・七）、それによって信仰に導かれたとも推測されます（使一・一四）。その後、エルサレム教会の有力な指導者となり（ガラ一・一九）、総督フェストの死後、ユダヤ人の暴動の際に殉教したと言われています。

使徒会議とユダヤ戦争

使徒言行録はエルサレムからの来訪者がアンティオキアの教会において「モーセの慣習に従って割礼を受けなければ、あなたがたは救われない」と教えていたことで、パウロやバルナバとの間に激しい意見の対立と論争が生じ、使徒や長老とエルサレムにおいて協議する必要が生じたと伝えています（使一五・一―二）。「使徒会議」とはそのような中、エルサレムで行われた会議です。会議の開催された時期や内容については不明な点がありますが、「異邦人にも割礼を受けさせて、モーセの律法を守るように命じるべきだ」（使一五・五）と主張する人びとが多くいたことが推測されます。パウロはそれに対して、「ペトロには割礼を受けた人びとに対する福音が任せられたように、わたしには割礼を受けていない人びとに対する福音が任されている」（ガラ二・七）と語っていますが、それが互いの共通理解になるまでには相当な時間を要したでしょう。

使徒会議以降、パウロは異邦人を中心に宣教活動を行います。ユダヤ人を対象とした宣教もエルサレムを中心に展開されますが、エルサレムはユダヤ教の本拠地ということもあり、次第に迫害を受けるようになります。先にあげた主の兄弟ヤコブも迫害を受けました。その頃、ユダヤ駐在の最後のローマ総督フロルスによる過酷な圧政が引き金となって、ユダヤ人が蜂起します。いわゆる第一次ユダヤ戦争*です。ユダヤ人の抵抗は数年間にわたりますが、結局は鎮圧され、ユダヤ人はエルサレムから離れていくことになります。この時点でローマ帝国がどの程度ユダヤ教徒とキリスト教徒を区別できていたのかはわかりませんが、ユダヤ人キリスト教徒はこのユダヤ戦争には加担していなかったようです。しかしながら、エルサレムを中心とした教会活動はこの出来事をきっかけに下火となっていったことは確かなようです。

ユダヤ戦争
第一次、六六―七〇年／第二次、一三二―一三五年。ローマに対するユダヤ独立戦争。

使徒パウロの回心

パウロはキリキア州（現トルコ南東部）のタルソス生まれのユダヤ人で、ヘブライ名をサウロと言いました。ローマの市民権をもつ人物でした。タルソスは教育の中心地でしたので、若い頃にギリシア的教養に存分に触れていた可能性があります。ユダヤ教を熱心に信奉し、律法学者ガマリエルに師事していたようです。新たに起こってきたキリストを信ずる人びとに対しては敵愾心をもっており、ステファノの殉教にも加担したほどで、「家から家へと押し入って教会を荒らし、男女を問わず引き出して牢に送っていた」（使八・三）とも書かれています。

そのパウロ（当時はサウロ）がおそらく三五年頃、迫害の使者としてダマスコに向かう途中、幻の中で主イエスと出会い、回心（主イエスの迫害から主イエスへの献身という大転換）を経験することにより、キリスト教を宣教するようになります。パウロは光に打たれ、倒れ、目が見えなくなり、人に手を引かれながらダマスコに入り、主に遣わされたアナニアの世話を受けて、視力を回復するという不思議な体験をします。この視力の回復の話から「目から鱗」という言葉が生まれました。その後、洗礼を受けることになりますが、これがパウロの新たな活動の原点となったことは間違いありません。

パウロの活動

その後、パウロは主としてアンティオキアで宣教しますが、大規模な宣教旅行を三回行ったことはよく知られています。しかし、最後は逮捕され、ローマに連れて行かれて、そこで最期を迎えます。

パウロの三回の宣教旅行とローマへの最後の旅の経路については使徒言行録に記されています。同行者やパウロの名を冠して新約聖書に収められた書簡の執筆場所などとともにその宣教の概要を年表形式でまとめておきます。

四七―四八年頃

●第一回宣教旅行（使一三・一―一四・二八）

同行者――バルナバ

＊使徒会議（四九年頃）

五〇―五二年頃

●第二回宣教旅行（使一五・三六―一八・二三a）

同行者――シラス。ルステラよりテモテ。エフェソまでプリスキラとアキラ

コリントにて「テサロニケの信徒への手紙一」「テサロニケの信徒への手紙二」を執筆

五二―五六年頃

パウロの伝道旅行図
0 200 400 600 Km
黒海
トラキア
ビテニア
ポント
ガラテヤ
アジア
アンテオケ
ルカオニア
イコニオム
カパドキア
パンフリア
ペルガ
ルステラ
デルベ
アタリア
キリキア
ルキア
エーゲ海
ロドス島
クプロ
サラミス
パポス
シリア
出発地
オ1回の旅行
ガリア
ラエティア
ノリクム
パンノニア
ナルボ ネンシス
マシリア
ドナウ河
イタリア
アドリア海
ダルマティア
モエシア
コルシカ
パウロ沒
ローマ
サルディニア
プテオリ
トラキア
マケドニア
ピリピ
テサロニケ
アポロニア
ベレア
エピロス
ニコポリス
トロアス
アソス
ビテニア
ポントス
ガラテヤ
アルメニア
アジア
ヒエラポリス
ルカオニア
イコニオム
カパドキア
パウロの生地
パルテア
タルソ
イオニア海
地
シチリア
レギオン
シラクサ
カルタゴ
アフリカ
マルタ
パウロ難破す
コリント
アテネ
アカイア
ケンクレア
エペソ
トラレス
コロサイ
ミレトス
ラオデキア
ピシディア
ルステラ
ペルガ
キリキア
デルベ
ルキア
ミラ
ニド
クレテ
クプロ
サラミス
パポス
アンテオケ
パウロおよび バルナバ教う
シリア
パウロの回心
ダマスコ
シドン
ツロ
トレマイ
ペラ
カイザリア
サマリア
ローマへ上告
ヨッパ
エルサレム
パウロ逮捕さる
ヌミディア
中
海
クレネ
キレナイカ
アラビア
アレクサンドリア
エジプト
最後の旅行

●第三回宣教旅行（使一八・二三b—二一・一八）
エルサレムにて主の兄弟ヤコブと面会。
エフェソにて「ガラテヤの信徒への手紙」「フィリピの信徒への手紙」「フィレモンへの手紙」「コリントへの信徒への手紙一」「コリントへの信徒への手紙二」、コリントにて「ローマの信徒への手紙」を執筆
五六年頃
エルサレム神殿境内で逮捕（使二一・二七—）
カイサリアでの監禁（使二四・二四—）二年間
五八—五九年頃
ローマへの護送（使二七・一—）
ローマで軟禁生活（使二八・一六—）二年間
六〇—六二年頃
刑死

パウロが非常な熱意をもってキリスト教を伝えたことがこの一覧からうかがえるでしょう。パウロは自分自身のうちに起こった復活のイエスとの出会いをこのような形で証し続けたと言えるのかもしれません。このようにして、律法の遵守を必要としない信仰というキリスト教のあり方は、その後の世界的な拡大に決定的に重要な意味を

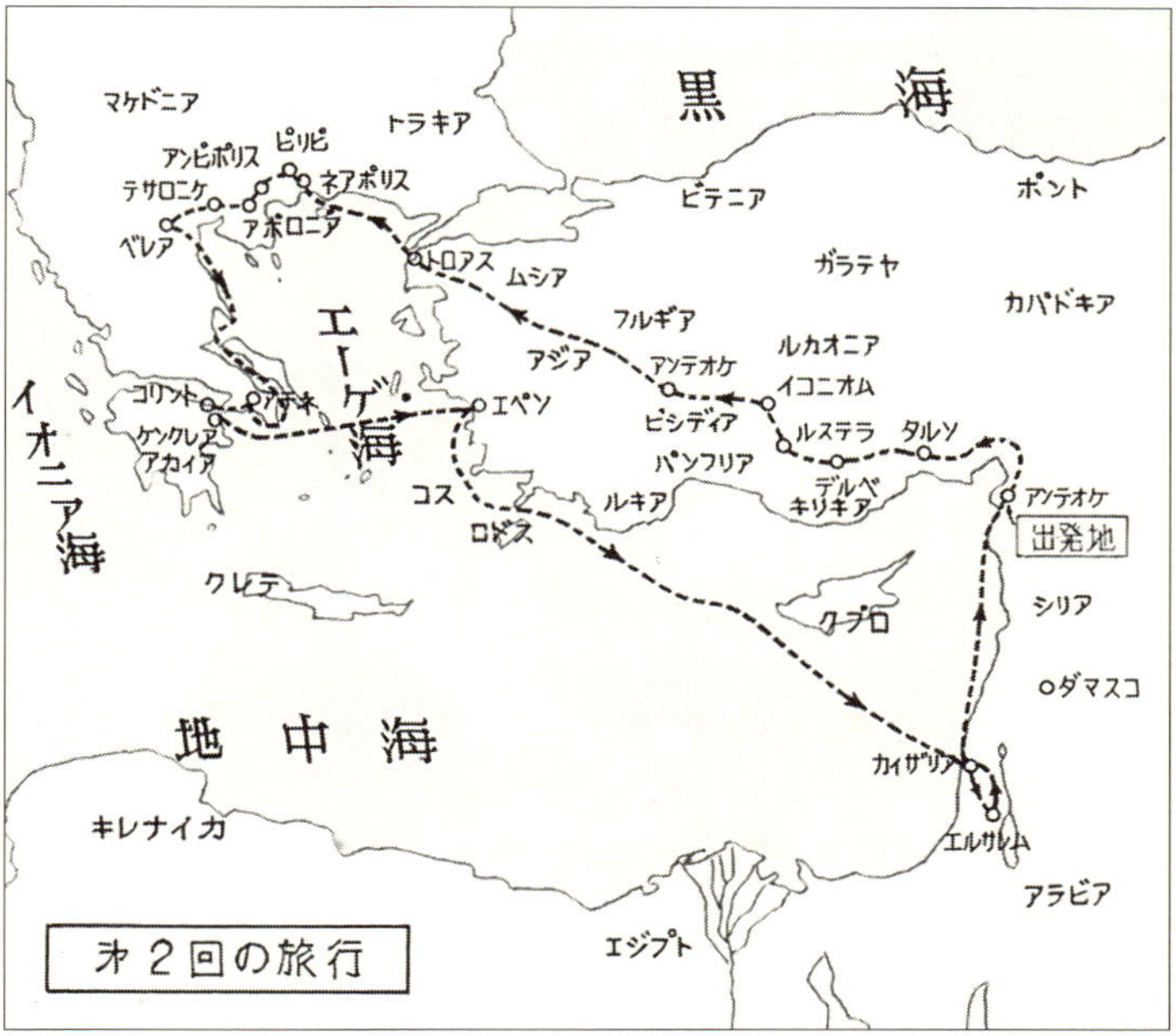

オ2回の旅行

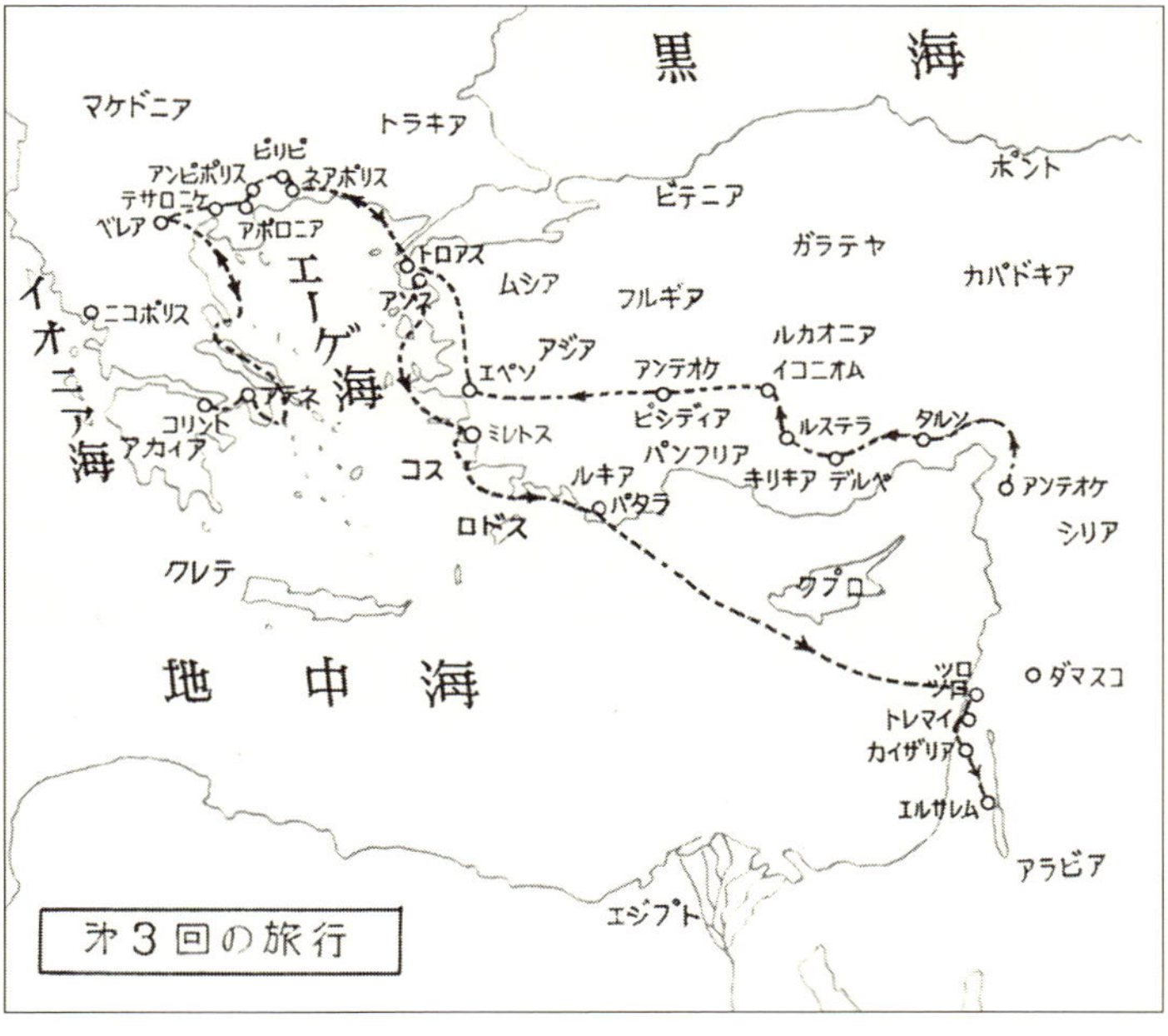

オ3回の旅行

もつことになります。

礼拝の中の聖歌

最後の晩餐の場面の最後に、「一同は賛美の歌を歌ってから、オリーブ山へ出かけた」(マタ二六・三〇)と記されています。これはおそらく「ハレルヤ詩編*」(詩一一三―一一八)ではないかと言われています。

キリスト教はユダヤ教から礼拝について大きな影響を受けていると言われていますが、聖歌(賛美歌)についても同様のことが言えると思います。そして、礼拝の中で歌を歌う習慣はおそらく旧約聖書の詩編を歌うことから始まったのではないでしょうか。コロサイの信徒への手紙には「詩編と賛歌と霊的な歌により、感謝して心から神をほめたたえなさい」(三・一六)とあり、賛美の歌が聖書の詩編とは区別される形で歌われていた可能性がほのめかされていますが、そうした歌も少しずつ礼拝の中に取り入れられていったと見ることも可能ではないかと思います。

ビテニアの総督プリニウスがキリスト教を批判する立場で書いたトラヤヌス帝宛の一一二年頃の手紙では、キリスト教徒について、「(かれらは)定められた日に夜明け前に集まって、神に対してするように、キリストに対して交互に歌いながら……」と記されています。こうしたことからも礼拝では、かなり早い時期から歌を歌うことが定着していたことがわかります。最初は詩編を歌うことから始まり、少しずつキリス

ハレルヤ詩編
詩編一一三―一一八編につけられた名称。ハレルヤはヘブライ語で「主を賛美せよ」の意。ユダヤ教では主要なユダヤ教の祝祭日や、過越しの食事の際に用いられた。

トを賛美する歌も登場し、そこに加えられていったのではないかと考えられます。

イエス一行が歌を歌いながらオリーブ山へ出かける場面は何より印象的ですが、フィリピで投獄されたパウロについて、「真夜中ごろ、パウロとシラスが賛美の歌をうたって神に祈っていると……」（使一六・二五）と記されています。歌を歌うことの意味を改めて考えさせられるところです。

四世紀の終わり頃、イタリアのミラノ教会にアンブロシウス*という司教がいました。キリスト教はすでに公認されていましたが、カトリック教会からは異端と見なされていたアレイオス派*の勢力はまだ強く、ミラノでも猛威を振るっていたようです。カトリックの信徒たちがその状況を詩編と聖歌を歌いながら耐える場面がアウグスティヌス『告白録*』に記されています。

ミラノの教会においては、それよりすこし前から、こういう種類のなぐさめとはげましとが行われるようになり、兄弟たちはたいへん熱心に、声と心とを一つにして合唱していました。たしか一年、あるいはそれよりもすこし前、幼帝ウァレンティニアヌスの母ユスティナが、アリウス〔アレイオス〕派の者にいざなわれ、この異端派のため、神の人アンブロシウスを迫害したことがあります。敬虔な民は、あなたのしもべである司教とともに死を覚悟して、教会に夜を過ごしていました。そこであなたの婢女《しもめ》である私の母は、いろいろな配慮や警戒にも率先

アンブロシウス
（三三九頃―三九七）ミラノ司教。字義的・道徳的・秘義的意味の三層で洞察する聖書の比喩的解釈の道をしめす。アウグスティヌスの回心にも決定的影響を与えた。

アレイオス派
キリストの完全な神性を否定した異端信仰の創始者アレイオス（二六〇／二八〇頃―三三六）にちなんで呼ばれる一派。本書五四頁参照。

『告白録』
全一三巻からなる自叙伝風の告白録。様々な神学的哲学的テーマを開拓し、多大な影響を今日まで与え続けている。

してあたり、もっぱら祈りのうちに生きていました。私たちはまだ、あなたの霊の熱にたいして冷淡でしたが、それでもミラノ市の驚きと混乱で心を動かされていました。そのとき東方の流儀にしたがって讃美歌と「詩篇」とがうたわれるように定められたのですが、それは、民が苦難にたえきれなくなって意気阻喪することのないためでした。この習慣はその時以来、今日にいたるまで保たれ、いまでは多くの、いやほとんどすべての、あなたに属する信者の群れが、世界の他の地方においても、それにならっているのです。

（アウグスティヌス『告白録』Ⅸ・七・一五）

アウグスティヌス『告白Ⅱ』山田晶訳、中公文庫、二〇一四年、一七六―一七七頁

年代的には三八〇年代後半のことですが、これはローマ帝国の中心部であるミラノで聖歌が導入されるようになった時期を知ることのできる貴重な資料であるとともに、聖歌を歌うことの意味を考えさせてくれる資料でもあります。

カトリック教会の成立

各地で教会共同体が形成されると、キリスト教についてさまざまな意見や解釈が生じてきました。二世紀から三世紀にかけては、教会が自分たちのアイデンティティとは何なのかを真剣に考えた時期です。キリスト教とは何なのかという問いに答えを出そうとしていました。

当時の中心的な教会が悩まされていたのは、いわゆる「異端*」の問題でした。たとえば、キリストをどのような存在と捉えるかについて、主流の教会とは異なる仮現論*などの立場をとるグループが現われました。主流の教会はこうした問題に対して、主として、位階制度（職制）の確立、信仰信条の制定、新約正典の確定をもって対処しました。ここでは正典をめぐる議論を中心について見ていくことにします。

異端
正しい信仰（正統）に対する誤った信仰のこと。二世紀の教会においてイエスの直弟子たちの去った後、教会の信仰が多様化したことで様々に現われた。

仮現論
救済者であるキリストは、人間として生きたイエスとは無関係、あるいは人間として仮の姿をとったに過ぎないとする考え方。

マルキオンと新約正典の確定

新約聖書に今日収められている各書は二世紀前半までにほとんど成立していましたが、それをひとまとまりのものとして重視するという考え方はまだ生じていませんでした。そういった意味では古代のキリスト教は聖書をもっていなかったのです。今日新約聖書に含まれていないものも含め、当時すでに多くのキリスト教文書が存在していました。そのうち、どれを権威あるものとして受け入れたらいいのか。おそらく、そうした議論すら起こっていなかった時期に登場したのがマルキオンという人物でした。

マルキオン（?―一六〇頃）は黒海沿岸の町シノペで生まれ、父親は司教職にあったと言われています。一四〇年頃、ローマに移住し、教会の一員となりますが、破門され（一四四年）、その後、独自の主張をもって自分の教会を作ったと言います。思想的には、旧約聖書の教えを否定し、イエスの出生（受肉）を否定し、パウロの教えをかなり極端な形で受け入れたものらしく、聖書の創造神やユダヤ教の律法主義を鋭く攻撃していたようです。彼はそのような主張では飽き足らず、まだ新約聖書がなかったときに、「マルキオンの聖書」と今日呼ばれているものを編集します。内容は旧約聖書を否定し、ルカによる福音書と、牧会書簡を除くパウロ書簡からなるもので、ルカによる福音書についても、イエスの出生の部分（一―二章）を省き、他にも部分的な削除や挿入をするというような具合でした。

当時厄介だったのは、もはやキリスト教とは異なっていたとしても、自らの主張はキリスト教である、あるいは自分たちの信仰こそがキリスト教であるという顔をしていたということだと思います。このような動きが教会の大多数の人びとから危険視されたことは当然のことと言えましょうが、キリスト教をベースにしながら、キリスト教を取り込みながら、それとは別の新しいことを伝えようとする教えの中にはマルキオンが行ったことと同様のことが入り込んでくる可能性があることをここでは指摘しておきたいと思います。

しかし、マルキオンの活動に危機感を抱いて新約聖書という正典の形成が促されたと言えるようです。新約正典の確定は三六七年のアレクサンドリア司教アタナシウスによる「第三九復活祭書簡」においてとされていますが、マルキオンよりやや遅れる二世紀末の「ムラトリ正典目録*」において、すでに大部分は確定していたと考えられています。

ムラトリ正典目録
現存する最古の新約聖書文書の目録。ミラノで八世紀の写本中にL・A・ムラトリにより発見された。

その他、位階制の確立によって組織の固定化と秩序の確立が模索され、異端を排除する態勢が整えられます。また、今日の使徒信条*（使徒信経）に繋がる「古ローマ信条」が形を整えるのも二世紀中頃のこととされ、信仰信条の面でも、何がキリスト教なのかが固められていきました。このようにして、「公同の」「普遍的な」カトリック教会が成立することになったのです。また、こうした過程の中で、ローマ、コンスタンティノポリス、アレクサンドリア、アンティオキア、カルタゴなど中心都市の教会が権威を持つようになり、それに仕える司教の権限も大きくなっていきました。

使徒信条
西方教会で用いられる信仰告白文。名称は使徒たちによって共同で作成されたという伝承に基づく。

迫害

当時のキリスト教は内に向けては異端に対処し、アイデンティティの確立に腐心しなければなりませんでしたが、ローマ帝国内でその信仰が容認されるようになるまでは外からの迫害に晒されていました。

ローマ皇帝が主導する大規模な組織的迫害は、三世紀半ばから四世紀初頭までの約五〇年続いたとされます。それまでの迫害は公権力が介在するものではありましたが、局地的なものだったとされています。六四年のネロ帝による迫害はよく知られていますが、ローマに限定されたものでした。

キリスト教徒がローマの神々を拝まないことが迫害の主たる原因でした。ローマの伝統を守ろうとする立場からすれば、国家の安寧を約束してくれている神々を認めないということは、国の秩序を損ない、繁栄を妨げる行為と捉えられたのです。

迫害に対してはそれに耐えることも尊ばれましたが、キリスト教は危険視する必要のない宗教であると訴える護教活動も行われていました。そうした主張を展開した人びとを「護教家」と呼び、ユスティノス、テルトゥリアヌス、アレクサンドリアのクレメンスなどが知られています。

三世紀後半からのデキウス帝、ヴァレリアヌス帝、ディオクレティアヌス帝による組織的大迫害は、信徒の数が増え、キリスト教の存在が脅威と見なされるようになったことも要因でした。おりしもローマ建国一〇〇〇年と重なり、ローマの伝統を復興させようとする意識の高揚も手伝っていたでしょう。教会は破壊され、その財産は奪われ、多くのキリスト教指導者が犠牲になりました。

ディオクレティアヌス帝による最後の迫害は三〇四年のこととされています。ほどなくキリスト教に対する大きな政策転換が行われ、三一一年にキリスト教寛容令が出されました。もはや帝国内にこれほどまでに増えたキリスト教徒を撲滅しようとするよりも、信仰を認め、その勢力をうまく活かすことにしたのです。また、それまでは貧者や下層階級のものとされていたキリスト教が富裕層や政府の高官にも広がり、さらには都市部だけでなく、農村部にも広がったことも転換の要因として挙げられるでしょう。

三一三年、この転換を公にするミラノ勅令を発布したのがコンスタンティヌス大帝です。その後、ユリアヌス帝のように、キリスト教を嫌う皇帝も登場しますが、大きな流れとしては、ローマ帝国はキリスト教と手を携えて歩むことになり、三九二年、テオドシウス帝のときに、キリスト教以外の異教の祭礼が禁止され、キリスト教は事実上の国教となりました。

ローマ帝国の教会

ローマ帝国の片隅で産声をあげたキリスト教は当初、ユダヤ教の一派といった程度にしか見なされていませんでした。ユダヤ教やローマ帝国から迫害されてきましたが、国教化という大転換によって運命が大きく変わります。これ以降、時代ごとに顔をのぞかせることになる「キリスト教と政治」の関係が不可避的なものとなっていきます。この後の時代におけるキリスト教と政治の関係の基礎がここに据えられることになったのです。

「歴史は強者が作るもの」と言われますが、キリスト教の歴史*の場合はどうでしょうか。最初の教会史と呼ばれるエウセビオスの『教会史』*は教会の創設からコンスタンティヌス大帝のリキニウスに対する勝利（三二四年）までを扱っています。最終的には全一〇巻で公にされました。内容については、代々の司教一覧、教父等の著作者、異端者などについて、また、キリスト教に対する迫害とキリスト教の勝利について扱われています。エウセビオスの『教会史』に続いて、コンスタンティノポリスで

* Johannes Quasten, *Patrology*, volume III, 1950, 314-317, 528-554参照。

* エウセビオス『教会史』（全三巻）秦剛平訳、山本書店、一九八六－八八年

いくつかの「教会史」が著されました。代表的なものを挙げると、ソクラテスの『教会史』（全七巻）、ソゾメノスの『教会史』（全九巻）、テオドレトゥスの『教会史』（全五巻）などが公にされました。ソクラテスのものは、副帝時代のコンスタンティヌス帝からテオドシウス二世までの三〇五―四三九年、ソゾメノスのものは三二四―四二五年、テオドレトゥスのものは三二三―四二八年までを扱っています。

これらの教会史が誕生した背景にはコンスタンティヌス大帝によるキリスト教公認という出来事があることは否めないでしょう。その意味では「歴史書」が誕生するためには、治安や体制の安定が前提となっているということは、キリスト教史の場合にも該当するように思います。ただ、たとえその時代の権力の側にある者によって書かれた歴史書が存在しているとしても、歴史家には各々自らの独自の関心と視点があり、権力者や強者の側に加担しすぎたり迎合したりすれば、その「歴史書」は客観性の乏しいものとして、かえって歴史的価値を失っていくということも忘れてはならないでしょう。

キリスト論をめぐって

「公同の」「普遍的」なカトリック教会として確立し、ローマ帝国の中で公認されたキリスト教は、教義をめぐる議論をさらに活発化させていきます。キリスト教公認以前にも先に述べた護教家をはじめ、オリゲネスなどの多くの教会教父が著作を残していますが、公認され、国教となった後の時代には教義をめぐる議論も政治的な意味合いを含むようになっていきました。

　キリストをどのように理解するのかという議論は「キリスト論」と呼ばれます。その中心はキリストの人性・神性をめぐる議論です。イエスと生涯を共にしたペトロら、直接の弟子たちにとっては、十字架の上で苦しんだ人間イエスの復活こそがキリスト信仰の根本でした。それに対して、パウロらギリシア哲学にも通じている人びとにはイエスを天の神が人として地上に降り立った存在と同一視することは難しくありませんでした。この時点で、すでに人として生きたイエス（子なる神）を強調するか、天の神（父なる神）の存在を強調するのかという緊張がありました。しかし、これはどちらを強調するのがよいのかに決着をつければ解決する問題ではありません。この問題はのちに三位一体論で収束するわけですが、両者をどのように等しく強調するかがポイントです。使徒の時代が終わりつつあった一世紀末にはヨハネによる福音書のキリスト論、ロゴス・キリスト論というとりあえずの着地点が見出されます。福音書冒頭にあるように「言《ことば》」（ギリシア語で「ロゴス」）であるキリストは「神と共にあり」、「言は肉となった」という理解を中心に据えたキリスト論です。

　しかし、ロゴス・キリスト論は神性を強調していますから、常に人性を否定する危険性を孕んでいます。三世紀初頭にロゴス・キリスト論と競合していたモナルキア主義*は唯一神信仰を強調するものでしたが、唯一神信仰と言いつつ、やはり父なる神と

モナルキア主義
キリストの人性を強調する勢力論的モナルキア主義は「養子論」とも呼ばれ、神性を強調する様態論的モナルキア主義は「天父受苦説」と揶揄された。菊地『キリスト教史』一一九－一二〇頁参照。

子なる神のバランスには問題を残し、主流派となりつつあったロゴス・キリスト論によって退けられます。キリスト論の相違は教会の東西分裂にも影を落としていました。モナルキア主義の一部はローマの教会では破門の対象となりましたが、東方では多くの信奉者を得ました。

この問題はキリスト教の公認に伴い、世俗の政治との関わりを強めます。アレイオスというアレクサンドリアの司祭が主張したキリスト論が大論争へと発展し、最初の世界規模の教会会議、「公会議」がコンスタンティヌス大帝によりニカイアに召集されることになりました。アレイオスのキリスト論は人性・神性の問題というよりも、神としての性質の点で、ロゴス・キリスト論と異なっており、キリストを普通の被造物に先立って、無から創造されたとする点において、永遠性をもたず、また、それゆえに神としての本質をもたない半神半人と見られかねないものでした。当時は様々なキリスト論が語られていました。アレイオスのキリスト論の方がむしろわかりやすいとして、有力な神学者の中にも支持者がいました。

この対立を解決するために皇帝主導で開催されたニカイア公会議は、ロゴス・キリスト論のアレクサンドロス派（アタナシオス派）の主張に近いニカイア信条を承認して終わります。これにはコンスタンティヌス大帝の影響力が作用したとされています。国の政策として教会の一致を求めたコンスタンティヌスはドナトゥス派が引き起こした紛争でも政治力を行使し、「厳格派」とも呼ばれ、道義的には正しいと考えられるドナトゥス派を排除する裁定を下しています。

キリスト論の議論そのものはニカイア公会議でも決着がつかず、「父と子の関係」について「異質」「類質」「同質」という三つの立場で対立は続きました。この議論に一定の区切りをつけたのが「カッパドキアの三教父*」でした。父・子・聖霊の三つの位格《ペルソナ》をもつ一つの神とする三位一体のキリスト論が一応の確立を見たのはこの時のことです。

三位一体の神を明確に打ち出した「ニカイア・コンスタンティノポリス信条」が三八一年のコンスタンティノポリス公会議で決定されます。その後、キリスト論は神性と人性のバランスだけではなく、どのように一体になっているのかという段階に入っていきました。しかし、神性と人性の問題は再び「神の母《テオトコス》論争」という形で激化します。イエスの母マリアの称号を「神の母」とするか「人の母」とするのかという問題でした。アレクサンドリアとアンティオキアの間の学派的な対立を背景ともしていたこの論争に決着をつけるべく四三一年に召集されたエフェソ公会議は両陣営の思惑や策謀が入り乱れた会議でしたが、最終的に「神の母」を称号とすることが決定されます。この時に論争に敗れ、異端とされたのがネストリオス派です。その流れを汲む人物が七世紀に「景教」として中国にキリスト教を伝えたことも付記しておきましょう。

エフェソ公会議は対立に一時的な和解をもたらしただけで、両陣営の対立は形を変

カッパドキアの三教父
四世紀後半の代表的な教父。バシレイオス、ニュッサのグレゴリオス、ナジアンゾスのグレゴリオス。

え、キリストの神性を神の圧倒的な本性とする「キリスト単性論」をめぐる議論となりました。やはり、純粋な神学議論というより、政治的な思惑や教会内の主導権争いといった面も表面化し、「強盗会議」と呼ばれたエフェソでの混乱を経て、四五一年にカルケドン公会議が開かれます。結果として単性論は排除され、神性と人性をともに神の本性とするカルケドン信条が教皇レオ一世により公布され、一応の決着を見ます。しかし、カルケドンでの決定はキリスト論の結論というよりは和解条件の合意のようなものでしたが、結果的には主流とされるキリスト論がこれによってほぼ確定したことになりました。それは単性論を支持する教会の分離に繋がり、エジプト教会がコプト教会となり、シリア教会、アルメニア教会が東方教会から分かれていきます。その傾向はユスティニアヌス帝（一世。五二七―六五）の治世を境に強まりました。宗教的に分裂したビザンティン帝国は七世紀にはペルシアの攻撃にさらされて、領土を失い、その後イスラムの台頭に直面することになります。

古代の終わりに

カルケドン公会議はローマ教皇レオ一世が取り仕切る形で進められましたが、キリスト論をめぐる一連の公会議で議論の中心を担っていたのは東方教会の指導者たちでした。政治的には皇帝テオドシウス一世がキリスト教を事実上の国教とした三九二年の直後、ローマ帝国は東西に分裂しています。西暦四〇〇年を境に、西ローマではヒエロニュムスによるウルガタ訳ラテン語聖書の完成など、その後の西ヨーロッパのキリスト教の基礎を据える出来事が進行していました。カルケドン公会議はそうした状況の中で行われた会議でもありました。まさに、今日のキリスト教が最終的に形を整えつつあった時代でした。

『神の国』『告白録』などの著作で知られる古代最大の教父、アウグスティヌス（三五四―四三〇）が活動したのもカルケドン公会議直前の時代です。三位一体の神については、すでにニカイア・コンスタンティノポリス信条で明言されていましたが、アウグスティヌスの『三位一体論』には、聖霊は父からだけでなく、「子からも」発するとする「フィリオクェ」*の追加がすでに明確に述べられています。これは東西教会の分裂を決定的にした問題です。この点からもアウグスティヌスがプロテスタントも含む、今日の西方のキリスト教の基礎となっていることがわかるでしょう。また、ペラギウス論争において焦点となったのは、アダムとエバにおける「原罪」の理解でした。アウグスティヌスはもともと聖書にはなかった原罪という考えを「罪の意識の徹底」という形でキリスト教の中心に据え、その罪からの救いを神の恩恵としました。それに対して、ペラギウスは論争には敗れましたが、人間の自由意志こそが神の恩恵であるという思想を展開します（一四五頁参照）。この対決はまさに宗教改革以降のキリスト教、さらにはヨーロッパ文明の発展に直結する議論にほかなりません。アウグスティヌスの思想については8章でさらに触れていくことにします。

フィリオクェ論争
八〇九年アーヘン教会会議でカール大帝が、ニカイア・コンスタンティノポリス信条（ニケヤ信経）の「父」のあとに「および子から（フィリオクェ）」を加え、「聖霊は父、および子から出られ」と変更することを是認したために起こった論争。六五頁参照。

アウグスティヌスの時代はすでに西ローマはゲルマン民族大移動の影響下にありました。四七六年には西ローマ帝国は滅亡し、西欧のキリスト教は皇帝教皇主義の東ローマ・東方教会とは別の形で新しい局面を迎えることになります。

3　中世キリスト教

中世キリスト教の時代は西暦五〇〇年から一五〇〇年までの約一〇〇〇年間という広がりをもっています。中世キリスト教について概観する前に、「中世」という時代に対するイメージについて考えてみましょう。

中世はヨーロッパの歴史において久しく「暗黒時代」と言われてきました。中世の次の「近世」「近代」は、中世という暗黒からの解放であり、その象徴的な出来事としてルネサンスがあり、宗教改革がある。このような捉え方が非常に長く続いていました。そこには偏見や先入見が含まれているのですが、このような時代の捉え方に、意識的に、あるいは無意識に従ってしまう危険性が絶えずあることに留意しておく必要があるように思います。

歴史は勝者によって綴られるのではないかという問題について少し述べました。それは同じ時代の中で起こるというよりは、むしろ今の時代を、先立つ時代に対する勝利の時代と見なして捉えるときにより頻繁に起こるように思われます。中世という時代は、けっして暗黒時代ではなく、キリスト教的にも、また宗教的にも、豊饒な時代であるということを知っておいていただきたいと思います。一つの時代に、安易にレッテルを貼ること自体がその時代を生きた人たちに対して著しく配慮に欠けたことであることと私は思っています。

さて、西ローマ帝国滅亡後、西欧の中心は地中海沿岸からアルプスの北へと移っていきますが、カトリック教会はますますローマへの憧憬の念を強め、ローマを中心に発展していきます。それとともに、ゲルマン民族の中からカトリックを信奉する者が現われ、西欧キリスト教は新たな一歩を踏み出すことになります。

ビザンティン帝国とイスラムの拡大

東ローマ帝国は西ローマのように北方からの侵略を受けることなく、比較的安定した形で独自の道を歩み続けました。六世紀のユスティニアヌス帝は政治、宗教、文化に大きな影響力を及ぼし、その後の帝国を方向づけましたが、単性論をめぐる議論の余波で、東方教会は分裂へと進んでいきます。

七世紀になると、エジプト、シリア、パレスティナがササン朝ペルシアの勢力圏に組み込まれていきました。ビザンティン帝国はヘラクレイオス帝の下、反攻を試みます。キリスト論をめぐっては新たに「キリスト単意論」が提唱されますが、結果的に単性論もろとも排除され、ネストリオス派や単性論者はこれ以後、帝国内からはほとんど消えていきました。

こうした過程はイスラムの勃興とほぼ同時代であることに注意すべきでしょう。六一〇年にアラビア半島のメッカで神の啓示を受け、イスラム教を興したムハンマド（五七〇頃―六三二）が迫害を受けてメディナに移ったのが六二二年（ヒジュラ暦と呼ばれるイスラム暦の元年）です。その後、イスラムの共同体はササン朝ペルシアに取って代わってアラビア半島を越えて広がり、六三五年にはシリアのダマスカス、六三八年にはエルサレムとアンティオキア、六四一年にはアレクサンドリアを勢力下に収めます。コンスタンティノポリスを拠点とするビザンティン帝国はその後、一時勢力を回復しますが、かつて論争の中心を担っていた学派が拠点を置いていたアンティオキア、アレクサンドリアといった中心都市を含むシリア、エジプト、北アフリカを再び勢力下に置くことはありませんでした。このようにして、中東のエルサレムを発祥とするキリスト教はその故地を失うことになったのです。そして、それを回復しようとしたのが十字軍の遠征ということになります。

　その後のイスラムの拡大を見てみましょう。六世紀のユスティニアヌス大帝の時代、ビザンティン帝国の版図は広大でした。西方には西ローマ帝国滅亡後、ゲルマン民族が建てた西ゴート王国やフラ

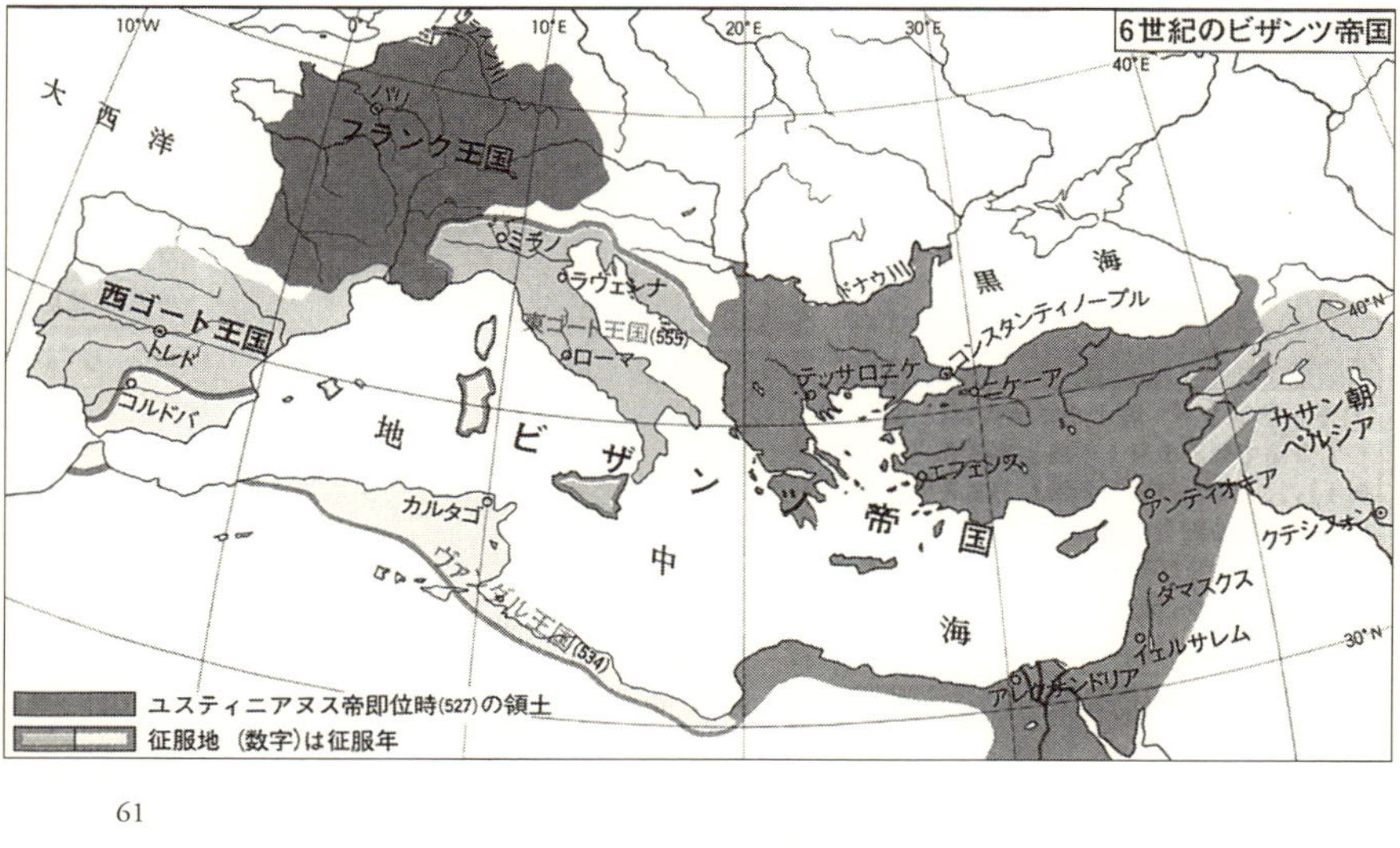

ンク王国が登場します。イスラムの拡大はこの直後のことです。西方ではカール大帝のフランク王国が勢力を張っていますが、イスラム勢力はビザンティン帝国への侵食を続け、南方では北アフリカからスペインにまで進出しています。十字軍前夜の一一世紀にはビザンティン帝国のかつての領土はイスラム勢力によって完全に侵食されているのがわかります（後述五九―七五頁）。しかし、東方教会の勢力範囲は縮小の一途を辿っていたというわけではなく、九世紀以降、一一世紀にかけて、帝国の軍事力を背景に、ロシア、東欧に勢力範囲を伸ばしました。今日、東欧諸国に正教会が広まっているのはこの時代に由来しています。

聖地エルサレム

ユダヤ教、キリスト教、イスラム教という三つの宗教がエルサレムを聖地としており、エルサレムの中でもユダヤ教は「嘆きの壁」、キリスト教は「聖墳墓教会」、イスラム教は「岩のドーム」をとくに大切にしています。

嘆きの壁はヘロデ大王が建てた神殿域の西の壁で、ユダヤ戦争でのローマ軍による破壊を逃れた部分です。その後、ローマ帝国はエルサレムを「アエリア・カピトリーナ」と改称し、異教の像をもちこんだことで再び反乱が勃発し（第二次ユダヤ戦争）、それに敗れたユダヤ人はエルサレムに近づくことはできなくなりますが、四世紀のミラノ勅令でキリスト教が公認されるに及んで、ユダヤ人も年に一度エルサレムに入ることが許されるようになりました。ユダヤ人がこの場所を再び支配下に置くことになるのは一九六七年の第三次中東戦争（六日戦争）での占領によってです。

エルサレムのシンボルとも言える岩のドーム（黄金のドーム）は神殿域の中心部分にあり、イスラム教が大切にしている場所です。預言者ムハンマドが死後、天馬ブラクに乗ってメッカから降り立ち、そこから天への夜の旅をする出発点でもあります。ここはユダヤ教にとっても、かつてエルサレム神殿があった場所であり、アブラハムがイサクを犠牲に捧げようとしたモリヤの山の頂とも信じられています。岩のドームのすぐ近くにあるアル・アクサ・モスクはムハンマドがメッカからの神秘的な夜の旅をしてたどり着いた「遠隔の礼拝堂」に由来しています。イスラム教にとって、エルサレムはメッカのカーバ神殿、メディナの預言者の廟に次ぐ第三の聖域ですが、これらの建物はキリスト教の聖墳墓教会に匹敵する聖なる場所とすべく、ウマイヤ朝のカリフたちが七世紀から八世紀にかけて建てたものと言われています。

聖墳墓教会が最初に建てられたのはコンスタンティヌス帝の母ヘレナ皇后の巡礼後の三三五年頃と言われています。その後、六一四年にペルシアによって破壊され、その直後に再建されたものの、一〇〇九年にはファーティマ朝カリフ、アルハキームによって徹底的に破壊されます。その後、一一四九年に十字軍によって再建され、現在に至るとされています。今日ではカトリック教会、東方正教会、アルメニア教会、コプト教会、シリア教会の共同管理となっています。

教会の東西分裂

二〇一六年二月一二日、ローマ教皇フランシスコとロシア正教会モスクワ総主教キリル一世がキューバで会談したというニュースが流れました。一〇五四年に分裂した東西教会が歩み寄ったという出来事です。同様のことはこの五〇年前にもありました。一九六四年にはコンスタンティノポリス総主教アテナゴラスとローマ教皇パウロ六世がエルサレムで握手を交わし、「歴史的握手」として話題となりました。当時、カトリック教会では第二ヴァチカン公会議が開かれていました。

ローマ・カトリック教会と東方正教会の分裂についてはすでに触れてきました。七世紀以来のイスラム勢力の拡大で、ビザンティン帝国の領域は大きく侵食されました。それは東方教会の勢力が退潮したことも意味します。九世紀が始まる頃、かつてのローマ帝国内でキリスト教の中心であり続けていたのはローマとコンスタンティノポリスだけになっていました。ローマは言うまでもなく教皇を筆頭とする西方教会（カトリック教会）の中心であり、コンスタンティノポリスは皇帝を長とする東方教会の中心でした。五世紀にはそのほかにアンティオキア、アレクサンドリア、エルサレムの三都市が総司教区の中心でした。この三つも東方教会の範囲です。こうした縮小の過程は東西教会の間の溝が深まる過程とある程度対応しています。ローマとコンスタンティノポリスを隔てる距離も今日想像されるより大きな要因であったようで、情報不足による東西の認識のずれが関係悪化に拍車をかけたと考えられます。

七二六年、東ローマ皇帝レオ三世が礼拝で聖画像*を用いることを禁止したことで、ビザンティン帝国内で聖画像論争（イコン論争）が起こりました。七八七年、第二ニカイア公会議において、聖画像への崇敬は認められますが、西方のフランク王国のカール大帝はその結論を批判し、「カロリング文書」なるものを出します。聖画像に対して抱く崇敬の念をただちに聖画像に対する礼拝に他ならないとカール大帝が見なしたためとされています。東方では、聖画像論争を通して、聖画像に対する敬意を示す崇敬（reverentia）と、神に対して示す崇拝（adoratio）を時間をかけて区別するようになっていくのですが、こうした事情は必ずしも西方には十分に理解されなかったようです。

九世紀には「そして子から」（ラテン語で「フィリオクェ」）という文言をめぐる議論が東西教会の分裂に大きな影響を与えます。ニカイア・コンスタンティノポリス信条に「聖霊は父から出られ」とあり、聖霊の発出は「父から」とされていましたが、八〇九年のアーヘン教会会議において「父」のあとに「そして子から」が加えられ、「聖霊は父、そして子から出られ」と変更されました。すでに述べたように、アウグスティヌスは同様の考えをもっていましたし（五七頁参照）、五八九年にはスペインのトレドにおける司教会議*で「聖霊が父だけではなく父と子から出る」と成文化されていました。しかし、それを西ヨーロッパで大きな影響力をもつカール大帝が認めたことは問題でした。八六七年のコンスタンティノポリス公会議ではコンスタンティノ

聖画像
板や壁にキリストや聖母、諸聖人の肖像・事績を描いたもの。「像、姿」を表すギリシア語から「イコン」とも呼ばれる。

トレド司教会議
スペインの教会はアレイオス派の影響が強く、三位一体の教理を守るため、子と聖霊の関係をはっきりさせる意図から「そして子から」の文言を入れた。

ポリス総主教*がこの語を信条に加えたことについてローマ教皇を非難しています。

一一世紀に入ると、ヨーロッパは東西ともにセルジュク・トルコの侵攻に悩まされるようになります。また、南下してくるノルマン人に対して、南イタリアで共同戦線を張る必要が生じていましたが、そのための話し合いは東西の間に横たわる根本的な不信感のために難航します。事態は悪化し、一〇五四年、ローマ教皇レオ九世がコンスタンティノポリス総主教ミカエル・ケルラリオスに対する破門状を聖ソフィア大聖堂の主祭壇におき、東西教会は最終的に分裂します。この項の最初で述べたように、これ以降、二〇世紀半ばになるまで両者が歩み寄りの姿勢を見せることはありませんでした。

東方教会の職制
主教・司祭・輔祭を基本とする。日本正教会では聖職位階を「神品（しんぴん）」と呼ぶ。

神聖ローマ帝国の成立

西ヨーロッパでは五世紀後半の西ローマ帝国の滅亡と前後して、ゲルマン化が進み、カロリング家のフランク王国が有力なカトリック教会の担い手となっていきます。八〇〇年にはカール大帝が教皇によって戴冠されました。

一〇世紀後半、オットー大帝（一世。九一二―七三）は自らの王国の基礎をしっかりと固め、司教や修道院長たちの支援を仰ぎながら、周囲の大公たちを自らの支配下に取り込んでいきます。オットーは支配地域を次第に拡大し、九六一年には北イタリアの支配者ベレンガロ二世に攻撃されていた教皇ヨハネス一二世の要請により、イタ

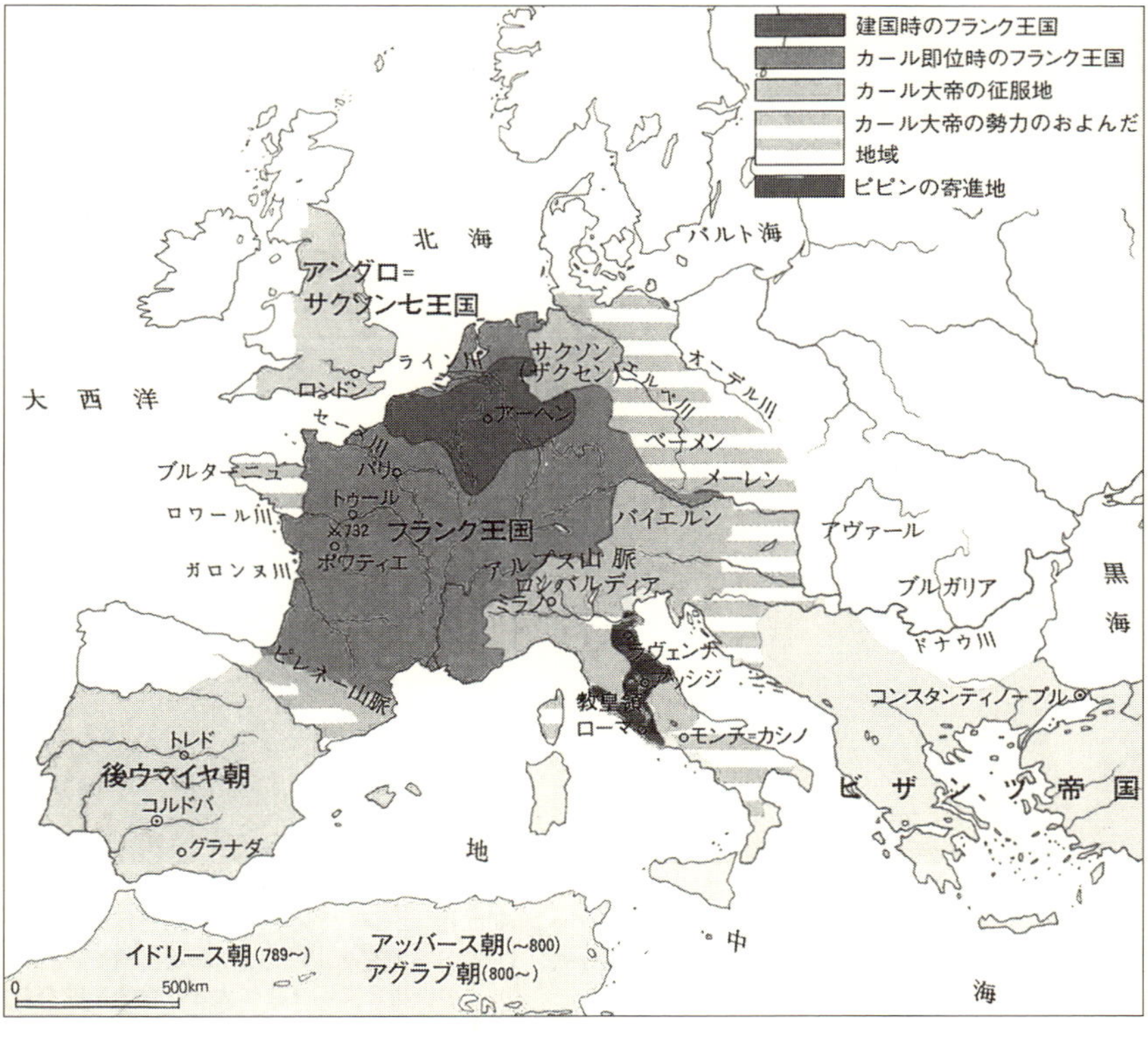

カール大帝時代のヨーロッパ

リアに侵入します。そして、翌九六二年、教皇ヨハネス一二世よりローマで皇帝としての冠を戴き、一八〇六年まで続く神聖ローマ帝国が誕生しました。皇帝となったオットー大帝は教皇の罷免、任命に介入するようになり、皇帝がローマ教会に対してはっきりと優位に立つ時代となりました。

やがて、教会の自己粛正をはかるクリュニー修道会*を背景とする教皇と、神聖ローマ皇帝との間で聖職の叙任権をめぐる闘争が始まります。皇帝は自らに都合のよい聖職者を任命し、土地所有など金銭も絡む関係を作っていくようになっていきました。それに対して、ベネディクト会*の流れを汲み、一〇世紀初頭に誕生したクリュニー会は次第に聖職売買《シモニア》*に公然と反対するようになっていきます。この対立は皇帝ハインリヒ四世と教皇グレゴリウス七世との間で大きく表面化することになります。

教皇グレゴリウス七世

教皇グレゴリウス七世（一〇二二頃―八五／在位一〇七三―八五）は一〇二二年頃、イタリア中部トスカナ州に農民の子として生まれました。元の名をヒルデブラントと言います。ローマの聖マリア修道院で全生涯を貫くものとしてクリュニーの精神を学び、教皇レオ九世以来、五代の教皇に仕え、その意味で教会の内情を知り尽くしていた人物でした。

一〇七三年、教皇となったヒルデブラントは改革路線を推し進め、一〇七五年に教

クリュニー修道会
九〇九年、フランス・クリュニーにアキテーヌ公ギヨームの援助により創設された修道会。

ベネディクト会
清貧・貞潔・従順の三つの請願を立てた修道士・修道女に、七三章からなる会則のもと一所定住を義務づけ、「祈り働け」をモットーに聖務日課と労働を重視した。

聖職売買
聖霊の力を金で買おうとした魔術師シモン（使八・一八）の名に因んで「シモニア」と通称された。

皇の至上権と、教会の世俗権力からの自由を主張する「教皇令」（dictatus papae）を起草します。また、聖職者の結婚禁止を強化し、聖職売買については信徒による叙任も聖職売買と見なしました。つまり、本来、信徒に過ぎない皇帝の聖職叙任権を認めないという見解です。このような政策は当然、神聖ローマ皇帝との衝突を招くものでした。

一〇七六年、時の皇帝ハインリヒ四世がミラノの大司教を指名したことで衝突は勃発しました。グレゴリウスはそれを厳しく咎め、ハインリヒを皇帝の座から罷免しようとし、ハインリヒの方はグレゴリウスの退位を命じます。両者の対立はハインリヒがカノッサ城の城外で、雪の中、三日間、無帽、裸足のまま、グレゴリウスに赦免を請うたことで決着したと言われています。これが皇帝に対する教皇の権威の高揚を示す象徴的な出来事として知られる「カノッサの屈辱」です。叙任権をめぐる対立はしばらく時をあけた一一二二年のヴォルムス協約において一応の落着を見ることになります。なお、グレゴリウスの後に教皇となったウルバヌス二世が第一回十字軍を召集します。

十字軍

湾岸戦争やイラク戦争の時、アメリカ大統領がイラクとの戦争を「現代の十字軍」と呼んだといいます。欧米では十字軍を正義の戦争という意味で用いることはあるようです。そもそも十字軍とは何でしょうか。中世における十字軍について、その背景と経緯について述べてみたいと思います。

第一回十字軍が派遣されたのは一一世紀末の一〇九六年です。十字軍とはもともと、教会が異端あるいは異教徒に対して世俗的な力を行使する聖戦全般を意味しますが、中世の十字軍は一一世紀末から一三世紀にかけて行われた聖地エルサレムを回復するための運動を示しています。西欧の教会は一〇世紀から一一世紀にかけて、デンマーク、ノルウェー、スウェーデンなどのスカンジナビア諸国へと勢力を拡大していました。イベリア半島では、まだ序盤戦であったとはいえ、イスラム教徒から土地を回復しようとする動き（レコンキスタ運動）も始まりつつありました。そのような中で、十字軍は開始されました。それはまさしく、ますます盛んになっていく西欧世界のキリスト教を象徴するような出来事であったと言うことができるかもしれません。

十字軍の背景には一〇世紀後半から一一世紀にかけてヨーロッパを頻繁に襲った気候の変化に起因する飢饉と、それに伴う経済不況があります。また、一一世紀の民衆を覆っていた宗教的雰囲気のことも考えなくてはならないでしょう。人びとは天的なものに対して大いなる希望を抱いており、聖遺物への崇敬、聖地巡礼に対する並々ならぬ情熱を抱いていました。それは修道院の活性化、聖職売買や聖職結婚に対する批判へとつながっていました。聖地巡礼については、今日でも、エルサレム、ローマ、サンティアゴ・デ・コンポステラ、シャルトルなどへの巡礼は有名ですが、その源はこの時期にまで遡ることができます（後述八四―八五頁）。

十字軍の直接のきっかけはビザンティン帝国からの要請でした。一一世紀に入ると、ビザンティン帝国はとくにイスラム勢力との関係で苦戦を強いられるようになり、ついに一〇七一年にはイスラム教徒であるセルジューク・トルコによってエルサレムが奪われてしまいます。

七世紀以降、エルサレムはたびたびイスラム教徒に占領されてきましたが、この時の占領で聖地巡礼が妨げられるようになり、かねてよりの宗教的情熱と結びついて、人びとを聖地の回復へと大きく駆り立てることになったのです。そのような状況の中で、ビザンティン帝国の皇帝ミカエル七世は教皇グレゴリウス七世に援助を求めましたが、そのときはちょうど叙任権闘争（前述六八―六九頁）のただなかで、ローマ教会はそれに応じませんでした。次の皇帝アレクシオスからも強い援助の要請が続いたため、教皇ウルバヌス二世は一〇九五年にクレルモン会議を開催し、聖地エルサレムの奪還を広く呼びかけ、十字軍が開始されることになりました。そこには経済的閉塞感や民衆の宗教的熱意といったことだけではなく、東方正教会をローマ教会のうちに統合しようといった思惑も働いていたことは否定できないでしょう。

十字軍は約二〇〇年の間に八回にわたって派遣されました。その始

十字軍の記述については、ジョルジュ・タート『十字軍』池上俊一訳、創元社、一九九三年参照。

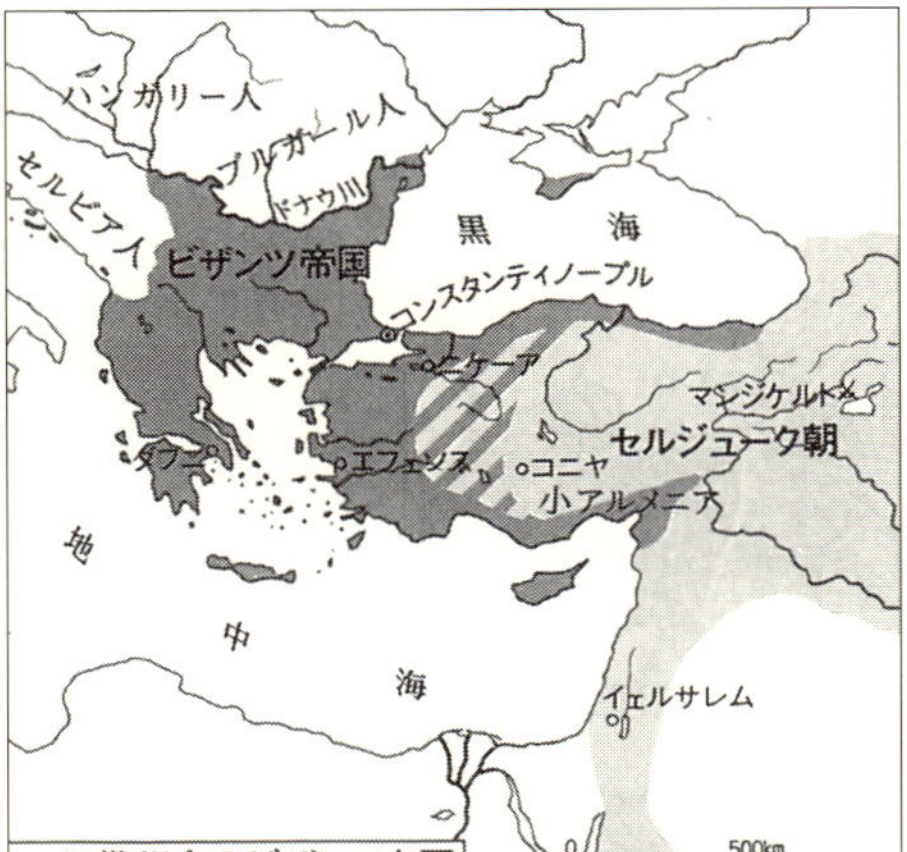

11世紀末のビザンツ帝国

まりの頃は教皇権の優位を背景としていましたが、その終わりには十字軍の派遣が教皇権の衰退を招来することになりました。*

第一回十字軍

●教皇ウルバヌス二世が派遣。奨励のため、参加者に免償*が約束された。

●一〇九六年春頃、隠修士ペトルスが農民の軍団を率いて先発。コンスタンティノポリスまで到達するが、ほぼ全滅。

●一〇九七年五月、ロレーヌ、フランドルを中心とする北フランスの軍団、イタリアの軍団がコンスタンティノポリスからニカイアへ進撃。一〇月、アンティオキア包囲。

●一〇九九年七月、エルサレム占領。エルサレム王国を建国。エデッサ伯国、トリポリ伯国、アンティオキア公国などラテン的な体制を築く。

●テンプル騎士団や聖ヨハネ騎士団などの騎士修道会が結成され、エルサレムおよび巡礼路を確保。

第二回十字軍

●一一四四年、イスラム側の反攻でエデッサ奪回される。

●一一四七—四九年、クレルヴォーのベルナルドゥスがフランス国王ルイ七世とドイツ皇帝コンラート三世に呼びかけ、第二回十字軍が派遣されるが、小アジ

十字軍の回数については諸説ある。本書ではジョルジュ・タート説に基づき八回としているが、転載した地図では第五回を数えず七回までとなっている。

免償
罪の告白をし、赦しを与えられた信徒に課される償い（罰）を教会が権力によって軽減免除したという慣行。「贖宥（しょくゆう）」とも言う。のちには贖宥状（免罪符）の売買が宗教改革の大きなきっかけとなった。

アで撃破され、失敗。

第三回十字軍

●一一八七年、サラディン、エルサレム占領。

●一一八九―九二年、十字軍派遣。アッコ奪回。

●神聖ローマ皇帝フリードリヒ・バルバロッサ、イギリスのリチャード一世（獅子心王）、フランス王フィリップ二世が参加。

第四回十字軍

●一二〇二―〇四年、ビザンティン帝国の帝位横領者アレクシオス三世を廃位、コンスタンティノポリスを占領し、ラテン帝国（一二〇二―六一）を成立させる。聖地奪回という目的からは大きく逸脱。

第五回十字軍

●一二一七―二一年、エジプト経由でエルサレム奪還を目指したが、失敗。

●アッシジのフランチェスコ、エジプトに派遣される。

第六回十字軍

●一二二八―二九年、フリードリヒ二世、エルサレムなどへの通路を一〇年の期限で確保。

第七回十字軍

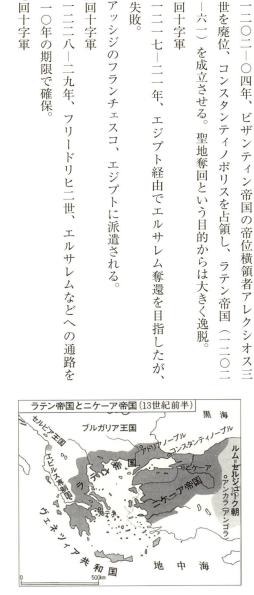

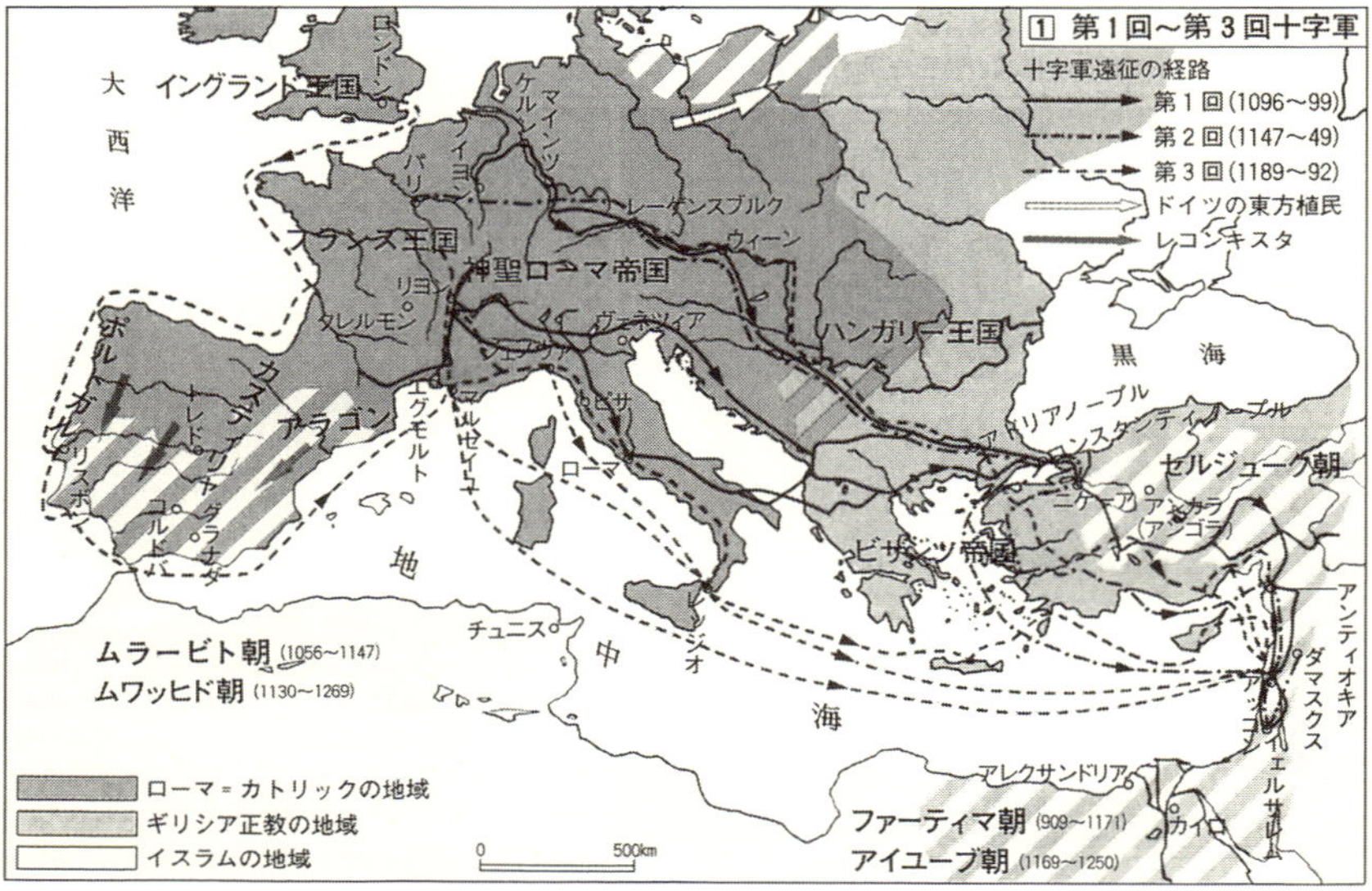

① 第1回～第3回十字軍

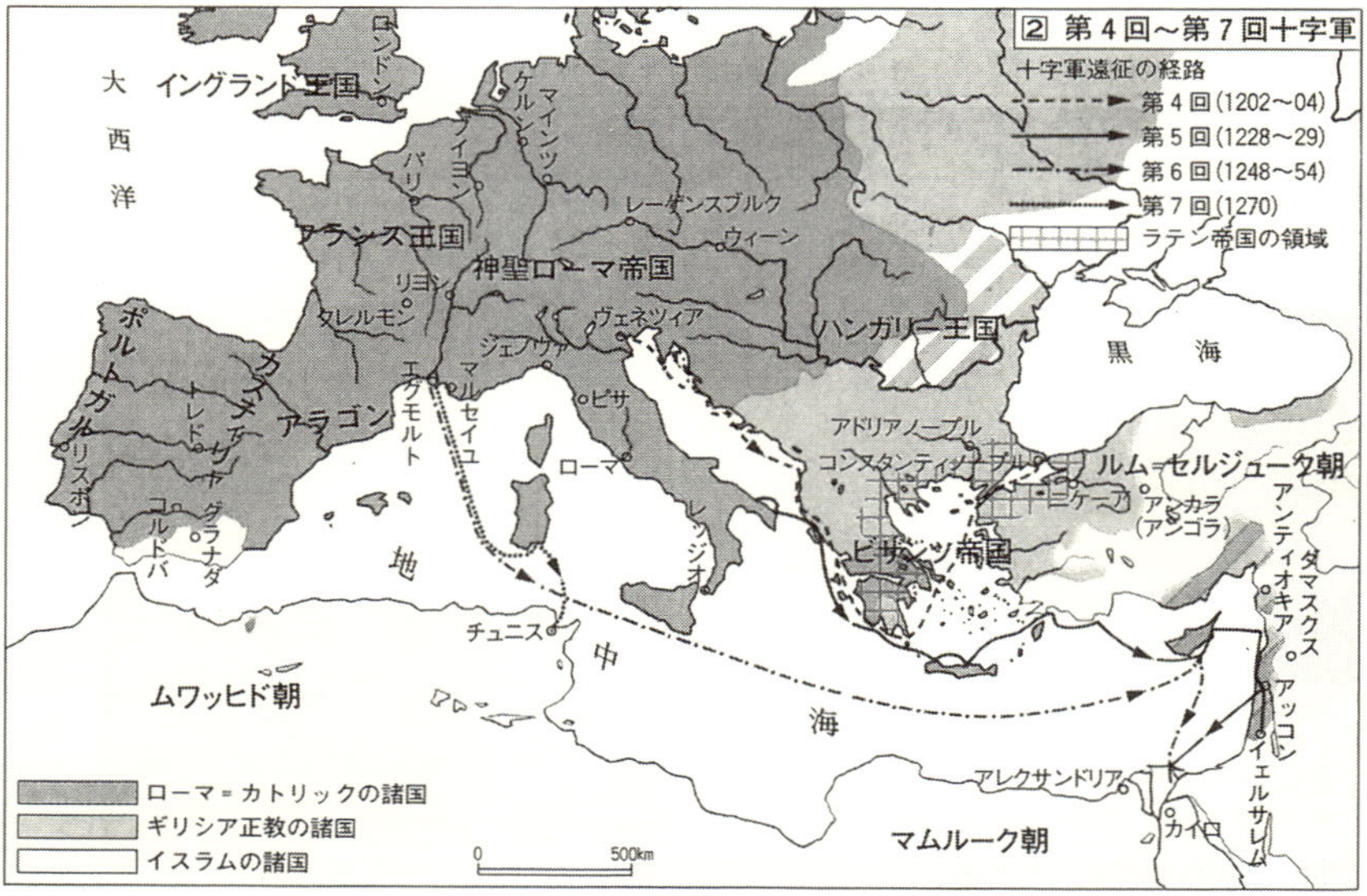

② 第4回～第7回十字軍

●一二四四年、イスラム側によるエルサレム奪還。
●一二四八―五〇年、フランス王ルイ九世、捕虜となる。
第八回十字軍
●一二七〇年、ルイ九世、テュニスに上陸。そこで没す。
●一二九一年、最後の砦アッコを奪還され、十字軍終結。

十字軍はもともと親密さに欠けていた東西の両教会の関係をますます悪化させることになっただけでなく、ビザンティン帝国とイスラム諸国が長年にわたり築きあげられてきた信頼関係にも大きな裂け目を作ることになりました。東西の交流により、アラビア数字やガラス技術などがもたらされるなど、西方の側にはさまざまな豊かな副産物がありましたが、その間に、多くのイスラム教徒が犠牲になり、大量のユダヤ人虐殺が行われたことは消し去れるものではなく、これらの出来事が後世に大きな傷跡を残すことになったことはけっして忘れてはならないことでしょう。

歴史的評価というものはどの視点に立つかによって変わってくるものですが、十字軍の歴史的評価として、それをキリスト教にとってのいわば聖戦のように捉える理解がなかったわけではありません。十字軍研究では、第二次世界大戦頃までそのような見方が強かったとも言われています。しかしながら、大戦を経て、また、イスラム教の側からの研究が深まる中、また、民衆の宗教性という視点への関心が高まる中で、十字軍をキリスト教の聖戦と見るような見方は全体としては少なくなっていきます。とはいえ、宗教間対話の重要性が叫ばれる時代にあっても、好戦的で、物事を単純化して見ようとする人の中には、十字軍を正義の戦いのように見なす人がいることも否めません。

中世キリスト教の盛衰

十字軍は一一世紀末から一三世紀末まで断続的に続きました。この期間はある意味でローマ・カトリック教会の全盛期とも言えます。カタリ派*やワルド派*など、福音書から知られる使徒的清貧に共感するグループも現われました。インノケンティウス三世ら歴代の教皇は公会議を開き、それらの運動を弾圧することもあれば、内部に取り込むこともありました。アッシジのフランチェスコ*のフランシスコ会やドミニクス*のドミニコ会のような新しい修道院活動が始まるのもこの時期です。

また、修道院や大聖堂の学校（スコラ）を中心に学問が進展しました。その創始者的存在として、カンタベリー大司教を務めたアンセルムスをあげることができます。一二世紀後半以降には、パリ大学、オクスフォード大学、ケンブリッジ大学などの大学が誕生します。また、イスラム世界からアリストテレスが紹介されたことにより、今や異教の哲学となったギリシア哲学にどのような態度をとるかによって一三世紀の神学は特徴づけられることになります。トマス・アクィナス*はその渦中を生きた人物

カタリ派
二元論的異端者の総称。善と悪の二つの原理を主張し、肉体と物質を悪として否定した。結婚生活を行わず画像崇拝と聖人崇拝を拒否し、ローマ教皇の権威を認めない。

ワルド派
信徒による巡回説教、自発的な貧困、慈善活動を重視する運動を行い、民衆の支持を集めた異端の一派。

アッシジのフランチェスコ
（一一八一／八二―一二二六）アシジの裕福な商人の子として生れるも、清貧とキリストの模倣に献身し、フランシスコ会、クララ会、第三会などの修道会を創立。神と被造物への純粋な愛は、諸国の教会のみならず社会に広く影響を与えた。

ドミニクス
（一一七〇―一二二一）スペイン出身の司祭。説教による救霊を旨とし、学問を重視する托鉢修道会を創設した。

の一人でした。

一三世紀も半ばを過ぎると、教会は異端審問を設置するなど、相変わらずその権威を誇示し続けようとしましたが、教会に対する批判も強まっていきます。教皇と国王との対立は一四世紀初頭の教皇ボニファティウス八世と仏王フィリップ四世のときにピークに達し、教皇庁は七〇年ほどフランスのアヴィニョンに移され（アヴィニョン捕囚。一三〇九―一三七七）、その後、ローマに戻っても四〇年の間、二人の教皇が並立する教会大分裂（大シスマ。一三七八―一四一五）を教会は経験することになります。この混乱の時期にイギリスではウィクリフが英訳聖書を完成させ、ボヘミヤではヤン・フスが火刑に処せられています。聖書の理想と使徒的清貧を目指す宗教改革の足音が聞こえ始めます。

一四世紀に花開いたルネサンスは、次第に中世キリスト教文化の閉塞状況を打破する力を持つようになり、一五世紀半ば頃からの教皇の豪勢な生活ぶりには、まさに、一つの時代の終わりを予感させるものとなっていきます。ビザンティン帝国では、東西教会の分裂後、西方との合同をまったく意識しなかったわけではなく、和解の試みもなされました。しかし、一四五三年、帝国がオスマン・トルコによって滅ぼされ、和解は遂に実現することはありませんでした。


トマス・アクィナス（一二二五頃―一二七四）教会博士、ドミニコ会士。教会の権威を認め、アリストテレスなど伝統的哲学を援用して、理性的な教義学の体系をつくったスコラ学最大の哲学者、神学者。主著『神学大全』。

教会建築の様式

キリスト教の教会というと、荘厳な建物をイメージする人も少なくないと思います。日本には大きな教会は見当たりませんが、欧米に行けば、多くの国々で大聖堂や教会と遭遇することになります。教会の建物はどのようにして作られるようになったのでしょうか。教会を意味する語はギリシア語ではエクレシアで、「(呼ばれた者たちの)集まり」「集会」を指していました。初期のキリスト者たちは信徒の家に集まって祈りを捧げ、迫害が激しかった時期には、カタコンベ(墓所)で礼拝が守られていたこともあり、当時はむしろ目立たないことが重要でした。

教会建築の発達にはローマ帝国でキリスト教が公認されたことが大きく関係しています。その最初期に確認されるのがバシリカ様式です。ローマ時代に裁判や取引のための集会所として使われたバシリカを模した長方形の構造で、教会堂の入り口を入っていくと、中央には身廊が開け、その両側に側廊があり、さらに進むと両側に袖廊があり、一番奥には、半円形の内陣(アプス)と言われる至聖所が置かれています。今日でも、イタリアのローマやラヴェンナなどで見ることができます(八〇頁写真。サン・パオロ・フォーリ・レ・ムーラ大聖堂)。

次のビザンティン様式はビザンティン帝国において主流となる教会建築の総称で、年代的には一〇〇〇年以上の広がりがあり、そこに統一的な特徴を求めるのは難しいですが、強いて言うなら、ドームを中心とする集中型の空間構造と、そのドームに描かれているモザイクの像に特徴づけられます（八〇頁写真。ハギア・ソフィア大聖堂）。

ロマネスク様式は一一―一二世紀にかけて、西欧において見られるようになる建築様式です。神聖ローマ帝国が成立して、西欧に安定が戻ってきたことを背景としています。分厚い壁を伴った重厚な石造物という感が強く、次のゴシック様式に較べると、光が差し込んでくる窓が小さいという印象を受けるかもしれません（八一頁写真。カンタベリー大聖堂）。

ゴシック様式は一二世紀後半ごろから一五世紀ごろまでに見られる様式で、建築技術の発達を背景に、リブ・ヴォールト、尖頭アーチ、飛梁（フライング・バットレス）などによって特徴づけられ、壁をできるだけ少なくして、ステンドグラスを通して光を教会堂内部に取り込むことを可能にしました。空に向かって聳え立つ教会というイメージがこの様式の特徴と言えます（八二頁写真。パリのノートルダム大聖堂［二〇一九年四月に火災に見舞われた］・シャルトル大聖堂、リブ・ヴォールト［八三頁写真］、フライング・バットレスの図）。

その後、一五世紀ごろからはルネサンス様式が登場します。古典古代を理想とするルネサンスの精神が教会建築に表現されたものと考えられます。

教会は「キリストの体」と理解されてきました。じっさい教会を上から見ると、十字架の形をしているものが少なくありません。そのような形を模しながら教会が建てられてきたということも記憶しておく必要があるでしょう。

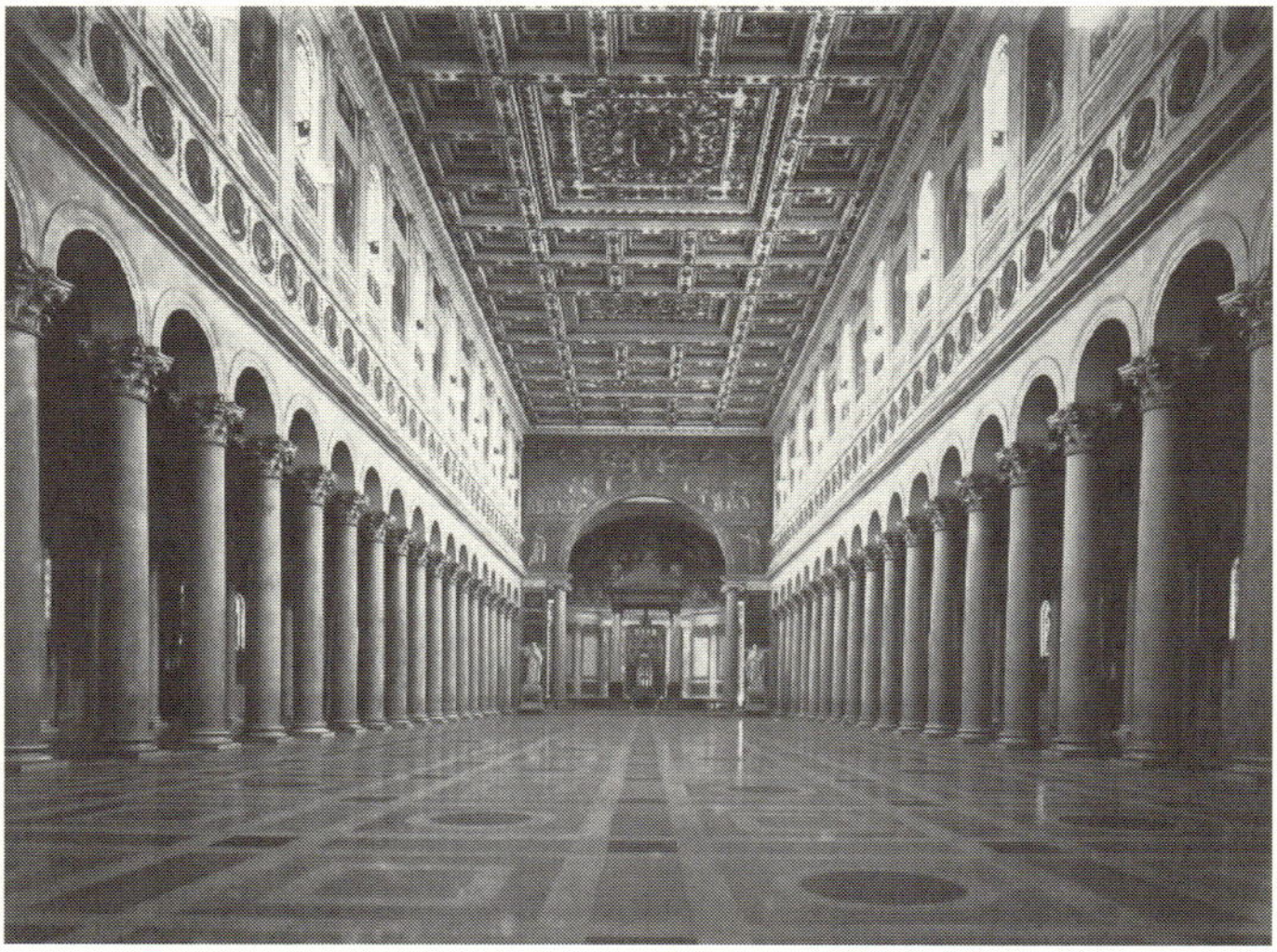

サン・パオロ・フォーリ・レ・ムーラ大聖堂（内陣）
（中央奥に至聖所が置かれる）

ハギア・ソフィア（アヤ・ソフィア）大聖堂

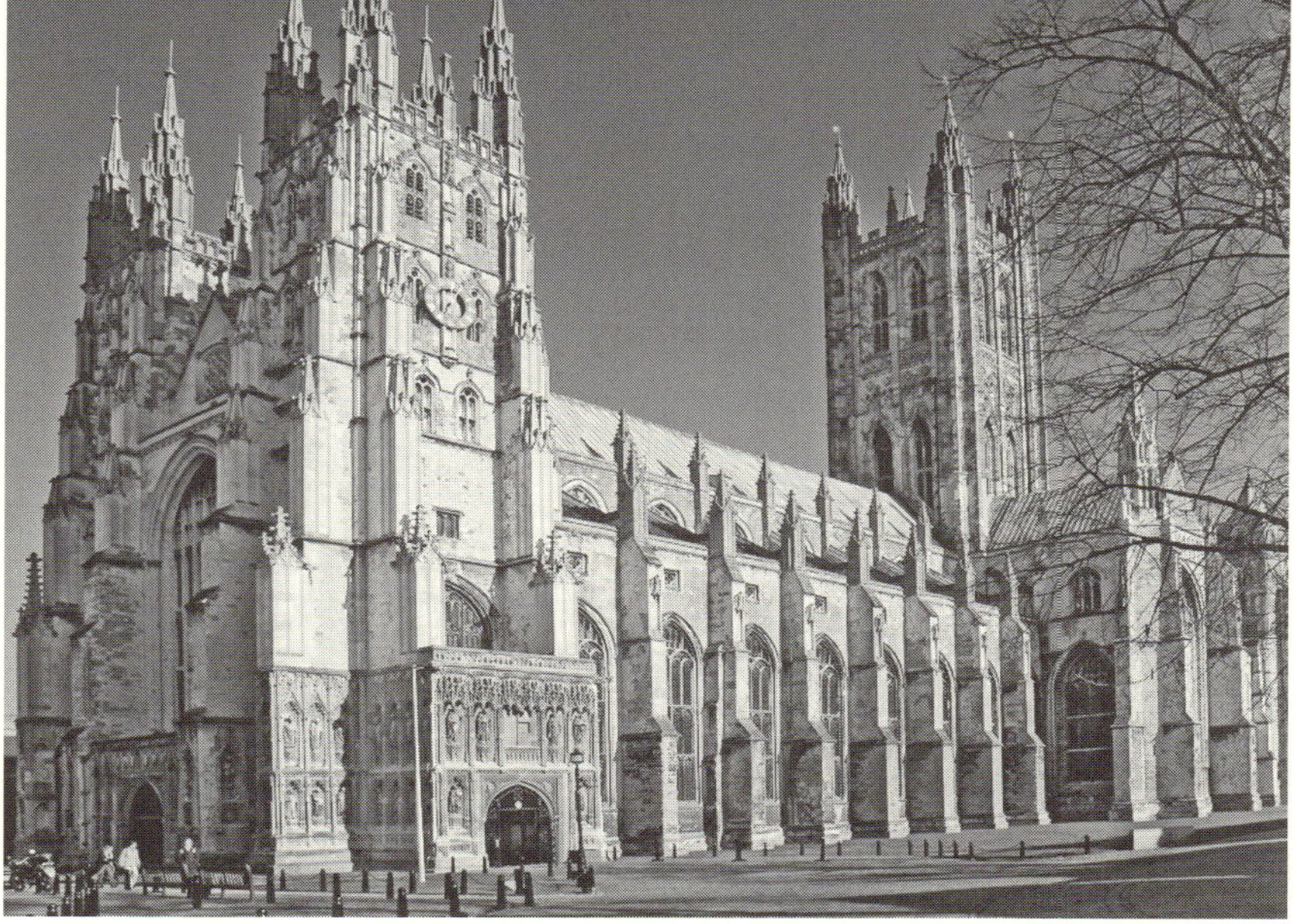

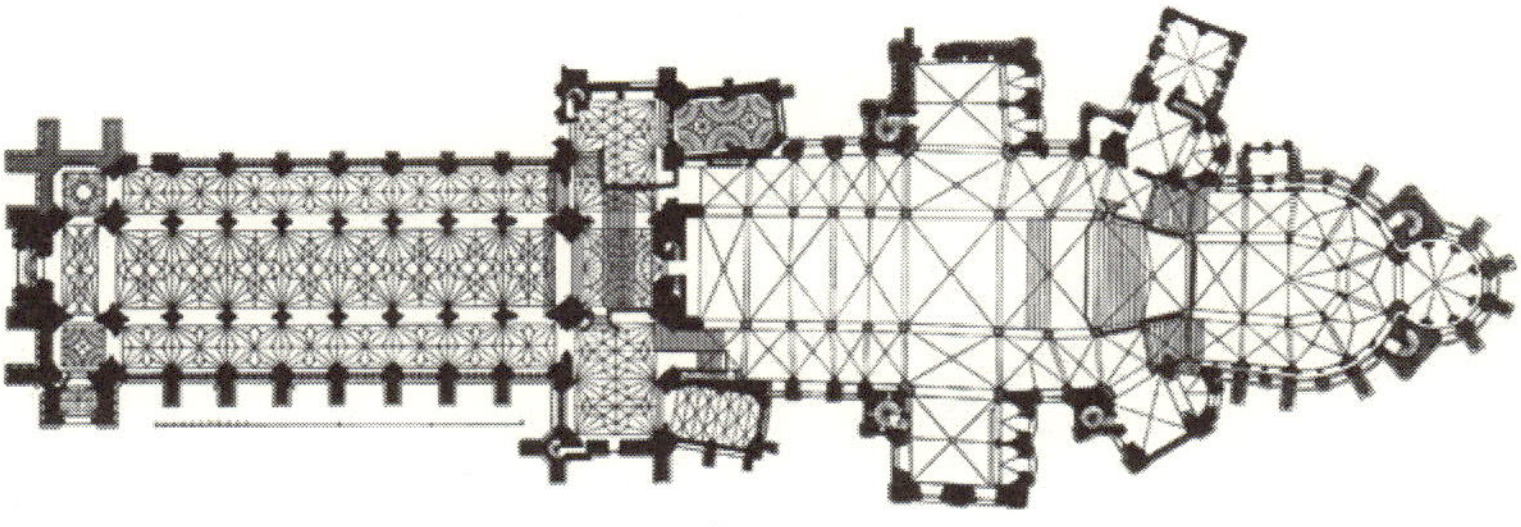

1. CANTERBURY: KATHEDRALE.

カンタベリー大聖堂（全景と平面図）

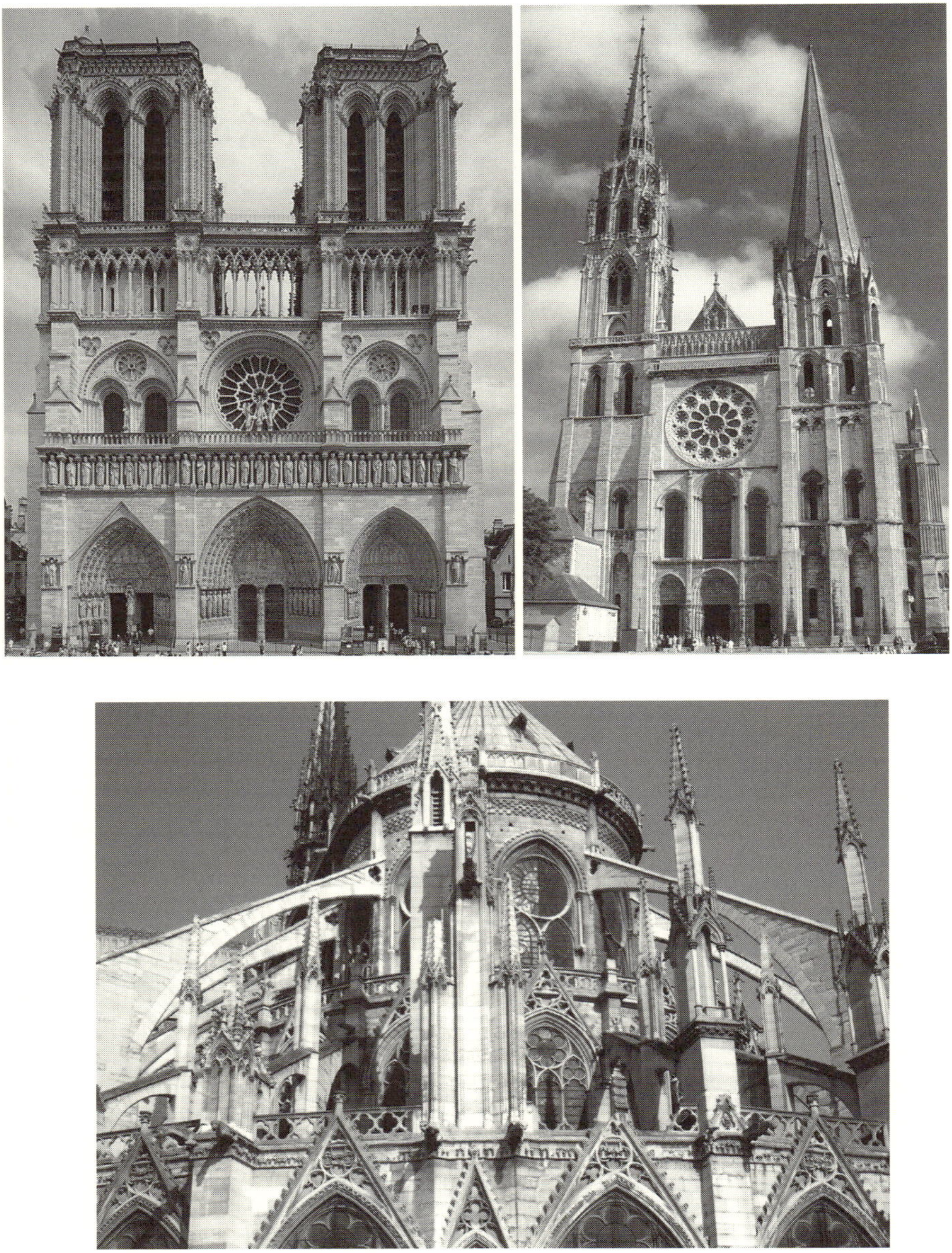

ノートルダム大聖堂（左上）、シャルトル大聖堂（右上）、
フライング・バットレス（下、ノートルダム大聖堂）

教会とモスク

教会とモスクの合体したものとして何よりも有名なのはイスタンブールにあるアヤ・ソフィア大聖堂でしょう（八〇頁下写真）。もとは古典ギリシア語でハギア・ソフィア（「聖ソフィア」の意）と呼ばれ、ビザンティン帝国の都に建てられた主教座聖堂でした。一〇九六年に始まった十字軍は、当時セルジューク・トルコからの圧迫に苦しんでいたビザンティン皇帝からの要請で、イスラム勢力に対してキリスト教の勢力を回復するという目的がありました。当然、ハギア・ソフィアを守るということも重要な意味を持っていましたが、ローマ・カトリック教会と東方正教会の対立構図も見え隠れしていました。ハギア・ソフィア大聖堂は一二〇四年から一二六一年の間、十字軍によって建てられたラテン帝国支配下でローマ・カトリックの大聖堂とされていたのです。その後、一四五三年にコンスタンチノープルが陥落し、オスマン帝国の支配下になって以来、その大聖堂は改築を繰り返しつつ一九三一年まで長期にわたりモスクとして使

リブ・ヴォールト（ノートルダム大聖堂）

用されてきました。現在は博物館になっていますが、こうした建造物にも宗教の変遷を垣間見ることができます。

もともとイスラム教のモスクであったものがキリスト教の教会として使われるようになったものとしては、スペインのアンダルシアにあるメスキータ（スペイン語で「モスク」の意）が挙げられます。現在はカトリック教会の司教座聖堂である聖マリア大聖堂となっています。

巡礼の意味

巡礼という営みは古代にまで遡ることができますが、本格化していくのはやはり中世になってからです。その意味で、巡礼は中世キリスト教の特徴の一つと言えます。今日、旅好きな人の中にはパワースポットと呼ばれるような場所を巡って旅をする人も少なくないようです。巡礼にもそれと似たような側面があるように思われます。ちなみに巡礼は英語では pilgrimage と言い（ラテン語では peregrinus）、「故郷を離れている」「異邦である」という意味があります。キリスト教では、この世界そのものが「途上《イン・ヴィア》」（in via）であり、キリスト者はもちろんのこと、この世界に生きる人びとは「旅人《ヴィアトール》」（viator）であるという捉え方がされることもあります。

最も古くから行われていた巡礼は、やはり聖地巡礼です。イエス誕生の地ベツレヘム、受難の地エルサレムへの巡礼はキリスト教が公認される四世紀にまで遡ることが

巡礼
イエス・キリストや聖人ゆかりの地や埋葬地を参拝し、祈り、助力を求め、感謝をささげ、ゆるしの秘跡（改悛）を行う旅。ヨーロッパの土着信仰と聖人崇敬が融合したことにより浸透した。

できると言われています。

また、巡礼は殉教者への崇敬とも結びつくもので、そのような点からすると、パウロが殉教したローマを訪れるのはその最たるもので、聖ヤコブの殉教の地とも言われるサンティアゴ・デ・コンポステラについても同様のことが言えます。聖遺物と結びつくことも多く、聖遺物を拝みに行く巡礼も行われています。巡礼や聖遺物はたしかに御利益的、功利的との批判がありますが、民衆の信仰心と深く結びついていることも確かなようです。

4　宗教改革の時代

日本語で「宗教改革」と訳されているのはreformation（英語）、Reformation（ドイツ語）、réforme（フランス語）などの語です。そこには宗教という語は使われておらず、「形を作り変えること」すなわち「再形成」「再創造」といったことを意味しています。宗教改革と今日呼ばれている出来事についてこの語を最初に用いたのは一九世紀の歴史学者で、「近代歴史学の父」とも称されるレオポルト・フォン・ランケとされています。キリスト教の歩みのみならず、ヨーロッパ史の中で「改革」といえばこの時代を指すというほど、大きな変革の時代であったということなのです。

宗教改革の時代は一般に、一五一七年のルターによる「九五箇条の提題」の公表から、三十年戦争が終結した一六四八年のヴェストファーレン条約の締結までを指します。この時代を特徴づけるのは、キリスト教が急速な勢いで世界に広がっていったことです（九二―九三頁参照）。この時代は大航海時代とも呼ばれるように、羅針盤などの発明によりポルトガル、スペインが世界へと版図を広げていく時代です。その勢いを借りて、新興の修道会であったイエズス会が世界宣教に乗り出したことのそもそもの動因は宗教改革による教会の分裂にあったことは言うまでもありません。その目的地は東アジアと発見されて間もない南米大陸だったのです。

また、すでに東西に分裂していた教会は、ルター派、改革派・長老派、英国教会などのプロテスタントの教会が分かれ出て、ヨーロッパ各地で一定の勢力を持つようになり、教会は多様な形をとるようになりました。

宗教改革の始まり

一五一七年一〇月末日、カトリックの司祭であったマルティン・ルターがヴィッテンベルク城の教会の扉に「九五箇条の提題」を掲げ、神学討論を呼びかけたことが宗教改革の発端とされています。教会の扉に掲げたというのは史実ではないようですが、ルターが主張した信仰内容は結果的にはこれまでの諸権威、諸伝承、諸組織の否定または修正を迫ることになり、次第に大きな波紋を投げかけることになりました。

当初ルターには教会を分裂させる意図はなく、あくまで改革のための議論を呼びかけただけとされていますが、翌年にはローマ教皇からの召喚状が届き、審問の場所についてザクセン選帝侯フリードリヒ三世が介入したことから、問題は徐々に政治的な様相を呈し始めます。贖宥状によって救われることを問題視した信仰上の議論にすぎなかったものが、贖宥状によってもたらされる経済的な利益とそれを可能にする政治的な力関係の問題を惹起することになったのです。そこにはドイツ諸侯たちの間に見られる教皇権の優越への反感もありました。そして、審問と討論を経て、ルターは教会権力と世俗権力の関係、聖書解釈の制限、公会議の召集について、カトリック教会に対立する意見を表明し、サクラメントとミサについて一部を否定する見解を出します。そして、よく知られた『キリスト者の自由』を礼拝で用いられるラテン語と民衆が使用するドイツ語で書き、自らの信仰者としての態度を明確に示しました。これによって、カトリック教会とは決定的に決裂することになり、一五二一年一月、教皇によりルターの破門が布告されました。

当時のドイツに君臨した神聖ローマ皇帝カール五世（一五〇〇―五八、在位一五一九―五六）はローマ教皇とは構造的な対立関係にありましたが、熱心なカトリック教徒でした。曲折の末、ルターを異端者として追放処分とし（ヴォルムス勅令）、ルターはこの後、一五二二年までフリードリヒ三世に匿われ、その間に新約聖書のドイツ語訳を完成させます。

その後、改革運動はルターの同僚カールシュタット（一四八〇―一五四一）やトマス・ミュンツァー（一四七七―一五二五）のグループがそれぞれ分裂して過激化し、ルターと敵対するようになります。また、一五二四年には改革運動に触発されて、農民反乱が勃発します。当初は反乱に好意的だったルターも反乱激化に伴って、弾圧支持に回らざるを得なくなり、農民たちの離反を招いたとされます。ドイツ南部にルター派があまり浸透しなかったのは、この時の影響とも言われています。

農民反乱の鎮圧では一致していた諸侯たちもその後、カトリック派とルター支持派に分かれ、それぞれの領内における自派の権利を確保しようとしたため、両陣営の間に対立関係が生じ始めます。当時、帝国議会においてカトリック派が圧倒的優位にあり、ルター派の諸侯は議会の決議に「抗議」しました。これが宗教改革で生じた教派を「プロテスタント」と呼ぶ始まりとされています。

皇帝カール五世は両派の和解を求め、それを受けてルター派は「アウクスブルク信仰告白」を作成しますが、和解は成立しません。この対立関係は一五五五年の「アウクスブルク宗教和議」まで続き、ルター派はドイツ内に一定の地位を確保することになりましたが、両派の対立は完全に解消されたわけではありませんでした。両派の一応の勢力均衡が実現したのはヨーロッパの多くの国を巻き込んだ「三十年戦争」（一六一八―四八）を経たヴェストファーレン条約においてでした。

スイスなどでの改革運動

スイスでは国内のドイツ語圏のチューリヒでツヴィングリ（一四八四―一五三一）がルターとほぼ同時に改革運動を開始します。ツヴィングリはルターからの影響を否定する傾向にあり、また両者はかなり険悪な関係にあったことが残されている資料からうかがえますが、ツヴィングリもルター同様の「聖書のみ」の信仰を訴えました。しかし、サクラメントについてはルターよりも厳格な態度をとり、聖餐のパンとぶどう酒を象徴と捉えたことで、ルター派と対立し、反カトリック勢力の結集が実現できなかった最大の原因となりました。フランス語圏のジュネーブではフランス人のジャン・カルヴァン（一五〇九―一五六四）が改革を進めましたが、それが本格化するのはルターの出来事からかなり時間が過ぎた一五四〇年代になってからでした。カルヴァンの考えは救いにおいて業績ではなく、信仰を強調する点ではルターやツヴィングリと共通していますが、誰が救われるかは神によってあらかじめ決められているとする教えを展開しました。よく知られている「二重予定説」です。一見、神の力を強調する中世的な説のように見えますが、近代において欧米に資本主義社会が発展する原動力のひとつになったとも考えられています。のちにアメリカにわたっていく人びとの多くが改革派の流れの中にあることは記憶しておいてよいでしょう。その流れはさらに明治期の日本にも繋がっています。一五八〇年、カルヴァンとツヴィングリのグループが合流して、スイス改革派教会が結成されます。聖餐論でのルター派との対立はその後も解消できず、宗教改革の勢力はルター派と改革派の二つに分かれることになりました。

改革運動はヨーロッパのほぼすべての国に波及していきました。フランスではカルヴァン派の「ユグノー」が徐々に勢力を強め、三〇年以上続くユグノー戦争（一五六二―一九八）が引き起こされました。その対立に和解をもたらした「ナントの勅令」（一五九八）はプロテスタントにカトリックと同等の権利を認めるものでした。その後、フランスは絶対王政の時代に向けて、ほぼ全面的なカトリック国となり、今日に至りますが（フランス革命期を除く）、興味深いことに、国単位で「信教の自由」が認められた最初の国でした。
そのほか、オランダでは一五六六年に始まるスペインからの独立戦争でプロテスタントが独立の原動力となりました。その後、極東の日本にまで進出し、スペイン、ポルトガルのカトリック勢力と日本との交流継続を争うことになります。北欧はデンマークがルター派の影響圏に入ったのをきっかけにほぼ全域がルター派の国になり、今日に繋がっています。

英国教会——聖公会の源流の誕生

イギリスにおけるキリスト教の始まりは五九七年の教皇グレゴリウス一世によるオーガスチン（修道院長アウグスティヌス）のイングランド派遣にまで遡ることができます。中世には教皇至上権、叙任権をめぐる争いも起きています。教皇アレクサンデル三世によってカンタベリー大司教に任ぜられたトマス・ベケットは一一六四年、英国王ヘンリー二世と対立します。国王は法的に聖職者の権限を大きく制限し、最終的にベケット大司教は惨殺されますが、人びとが大司教の死を悲しんだため、ヘンリー二世は悔悛を余儀なくされました。その後、ベケット大司教の廟には大陸からの巡礼団など受け入れていましたが、宗教改革に際して、ヘンリー八世は教皇至上権の象徴

八代崇『新・カンタベリー物語』聖公会出版、一九八七年参照。

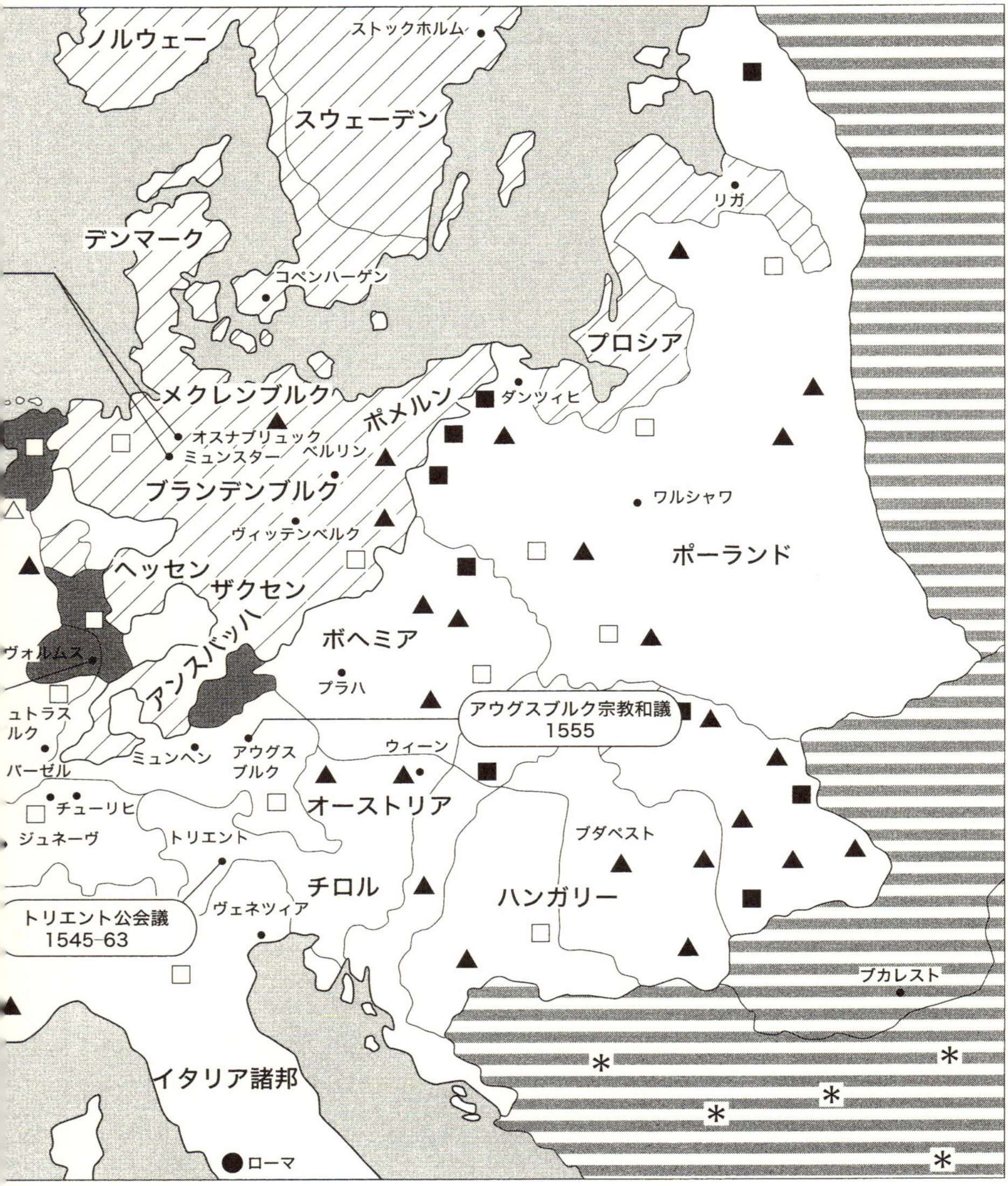
ノルウェー
ストックホルム
スウェーデン
リガ
デンマーク
コペンハーゲン
プロシア
メクレンブルク
ダンツィヒ
ポメルン
オスナブリュック
ミュンスター
ベルリン
ブランデンブルク
ワルシャワ
ヴィッテンベルク
ポーランド
ヘッセン
ザクセン
アンスバッハ
ボヘミア
ヴォルムス
プラハ
アウグスブルク宗教和議
1555
ュトラス
ルク
ミュンヘン
アウグス
ブルク
ウィーン
バーゼル
チューリヒ
オーストリア
ジュネーヴ
トリエント
ブダペスト
チロル
ハンガリー
トリエント公会議
1545-63
ヴェネツィア
ブカレスト
イタリア諸邦
ローマ

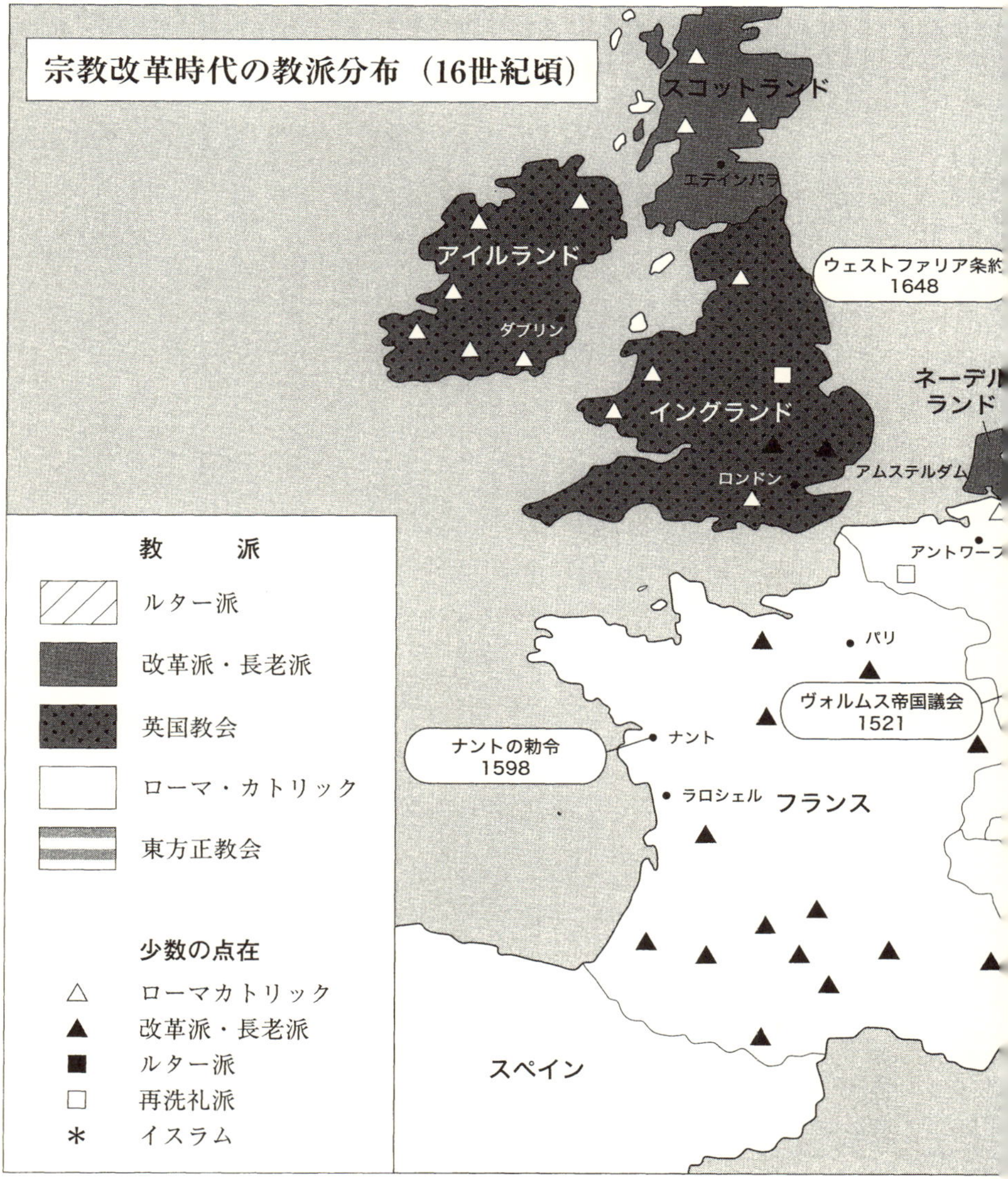
宗教改革時代の教派分布（16世紀頃）
スコットランド
エディンバラ
アイルランド
ダブリン
イングランド
ロンドン
ウェストファリア条約
1648
ネーデル
ランド
アムステルダム
アントワープ
パリ
ヴォルムス帝国議会
1521
ナントの勅令
1598
ナント
ラロシェル
フランス
スペイン
教　派
ルター派
改革派・長老派
英国教会
ローマ・カトリック
東方正教会
少数の点在
△ ローマカトリック
▲ 改革派・長老派
■ ルター派
□ 再洗礼派
＊ イスラム

であるとしてその廟を破壊しています。

イングランドの宗教改革は発端においても結末においても大陸のそれとは大きく異なっています。改革の末、英国教会が誕生しますが、その基礎はヘンリー八世の治世に形作られました。次のエドワード六世の時にプロテスタントとしての性格を強めますが、続くメアリ一世の時にはカトリックに戻り、その次のエリザベス一世の時代にようやく結実することになります。その治世において制定された「三九箇条（聖公会大綱）」によってローマ・カトリックとジュネーブの改革派の間を行く英国教会の立場が明らかにされました。

M・チャップマン『聖公会物語——英国国教会から世界へ』岩城聰訳、二〇一三年、かんよう出版

ヘンリー八世（一五〇九―一五四七）……**ローマ・カトリック教会からの分離**

●国民主義、人文主義、ルター主義の影響はあるが、直接的には国王が先導し、議会における制定法という形でローマ・カトリックからの分離を達成

●離婚問題と国王至上法の成立

一五二一年　著書『七秘跡の確認』がルターに対する批判書と認められ、教皇レオ十世より「信仰の擁護者」の称号を得る

一五七二年　娘メアリ（後のメアリ一世）以外には子宝に恵まれず、兄の未亡人カサリンとの結婚解消を教皇クレメンス七世に願い出るが認められず、ローマからの離反が進行

一五三三年　新任のカンタベリー主教クランマーにより、ヘンリーとカサリンの結婚が無効とされ、すでにヘンリーの子（後のエリザベス一世）を宿していたアン・ブーリンとの結婚が正当なものとなる

一五三四年　国王至上法（首長令）

国王がイングランド教会（英国教会）の地上における「唯一最高の首長」（the only supreme Head）となり、教皇との繋がりを絶つ

●修道院の解散と土地の没収　→　財産の国王への集中

一五三六年　小修道院解散法

一五三九年　大修道院解散法

●信仰箇条の制定

一五三六年　十箇条（一～五条・プロテスタント的、六条以降・カトリック的）

一五三九年　六箇条

●英語聖書の公認

一五三九年「大聖書」（ウィクリフ訳［一三八二年］。ティンダル訳［一五二六年］→カヴァーデイル訳［一五三五年］）

エドワード六世（一五四七―一五五三）……改革

〈摂政サマセット公〉

●六箇条の廃止、二種陪餐、司祭の結婚を認める

一五四九年　第一祈祷書の承認と第一次礼拝統一法による使用の命令

英語が教会儀式の言語と認定される

●クランマーの序文

英語で諸礼拝式文を一つにまとめ、礼拝を国民が理解できる共通のものとし、国民の積極的な参加をめざす

〈摂政ノーサンバーランド公〉

一五五二年　第二祈祷書の承認と第二次礼拝統一法（プロテスタント的）

一五五三年　四二箇条

クランマーが中心となってまとめる。ルター派の「アウクスブルク信仰告白」の影響がみられる

メアリ一世（一五五三―一五五八）……カトリシズムへの反動

●ヘンリー八世の最初の妻カサリンの娘。カトリック教徒として宗教改革を否定

一五五六年　クランマーの処刑

エリザベス一世（一五五八―一六〇三）……アングリカニズムの成立

●エリザベス体制の確立

一五五九年　新たな国王至上法（統一法）。国王の称号を「首長」（the only supreme Head）から「最高統治者」（the only supreme Governor）に

一五六三年　三九箇条（聖公会大綱）の制定。英国教会の教理的な立場を明らかにする

●カトリック勢力との対立・ピューリタンの抵抗

一五八一年　国教忌避者処罰法

イングランド教会に出席しないカトリック教徒を「国教忌避者」（recusant）として処罰

一五六六年　パーカーによる『通告文』（礼拝で用いる聖職服の規定）

国教会改革を唱え、規律・礼拝・慣行に従わない者（プロテスタント信徒）は「非国教徒」（dissenter）と呼ばれ、やがて市民革命の担い手となる。

→　ピューリタン（清教徒）革命へ

英国教会はラテン語で「エクレシア・アングリカーナ」と言いました。これは単に「英国の教会」という意味でしたが、改革後はローマ・カトリック教会から独立した教会であることを示して、英語で「アングリカン・チャーチ」（Anglican Church）と記されるようになります。改革の時代を生きたリチャード・フッカー（一五四四―一六〇〇）は主著『教会政治理法論』において、国教会は国法にも神の法にも理性の法

にも反するものではなく、聖書の権威、教会の伝統的権威、人間の理性と良識を等しく尊重するという理論を展開しました。フッカーが述べたような英国教会のあり方は「中間の道」、ラテン語で「ヴィア・メディア」*（via media）と言われます。教会の権威と伝承を強調するローマ・カトリック教会と、聖書の権威と信仰義認を強調するプロテスタントの中間にある主張と言えるでしょう。この表現は、最初は一七世紀チャールズ一世時代の神学者たちが使用し、一九世紀中葉にヘンリー・ニューマンが『トラクト』（Tracts for the Times）でこの主題の論文を発表して以来、一般に言われるようになったとされています（後述一一三頁）。

イギリスの教会はローマ・カトリックから独立し、国の教会となりましたが、その改革（「浄化」）を唱えるピューリタンの活動が次の歴史を動かすことになります。ピューリタン革命による共和制と国王の処刑という政治的な変動はもちろんのこと、ピューリタンのうち、分離派として一時オランダなどに亡命していたグループがアメリカに移住し、のちに「ピルグリム・ファーザーズ」と呼ばれるようになるのです。

カトリック教会にとっての宗教改革

このような宗教改革の嵐の中、ローマ・カトリック教会は独自の改革運動を展開します。トリエント公会議の開催やイエズス会の誕生はその現われです。この公会議においてローマ・カトリック教会は教理の面でもプロテスタントに対抗する立場を鮮

ヴィア・メディア
『新カトリック大事典』第一巻、一九九六年参照（項目執筆・塚田理）。

明にし、プロテスタントの諸教会との溝を深めていくことになります。また、イエズス会は世界布教を通して教皇の主権を世界に確立することを目指しました。一五四九年に日本に最初にキリスト教をもたらしたフランシスコ・ザビエルは、もっとも優れたイエズス会士の一人でした。

プロテスタント教会にとっては宗教改革は自らの教会の出発点として重要な意味をもっていることは言うまでもありませんが、カトリック教会はこの出来事をどのように捉えているのでしょうか。たとえば、カトリック教会の立場から著された本格的な『キリスト教史』（全一一巻）* では、イエスの時代から現代の教会までの二〇〇〇年の歩みが扱われていますが、宗教改革の時代を扱う第五巻には「信仰分裂の時代」というタイトルがつけられています。そして、邦訳への序言に次のように述べられています。

〈キリスト教世界〉と名づけられたこれまでの教会的統一的社会に終止符をうった、一五世紀末から一七世紀初頭に至るヨーロッパの危機の時代が取り扱われている。……本書では……「宗教改革前夜」のヨーロッパの経済・社会的危機を前提として、ルターの、またツヴィングリ、カルヴァンの〈個人的〉活動としての改革運動が、ついには政治・社会運動が、ドイツのひいてはヨーロッパの運命としての〈宗教改革〉となるに至る過程が詳細に述べられる。……怒涛のごと

＊『キリスト教史』（全一一巻）上智大学中世思想研究所編訳・監修、講談社、一九八〇―八二年／平凡社ライブラリー改訂版、一九九六―九七年

くに見えた〈宗教改革〉に対抗する力は、初め理念的な形をとり、次いで外的な教会刷新となって現れた。これは、一般信徒や司祭のサークルなどの中に地味な運動として生じ、それがイエズス会など新しい修道会に受け入れられ、最後にはカトリック教会の生存を賭けた真剣な問題として認められるのである。トリエント公会議とその決議の実行は、教会の新たな活力を実証するものであった。

H・テュヒレ他『キリスト教史5 信仰分裂の時代』上智大学中世思想研究所編訳・監修、講談社、一九九一年、一一二頁。

破門とは

カトリック教会のフランシスコ教皇がアメリカのトランプ大統領を破門したというニュースがありました。「破門」という言葉そのものを使ったのではなく、「(彼は)キリスト教徒ではない」といった主旨の内容をメディアが「破門」という見出しで報じただけのようです。もっとも、トランプ氏は長老派教会の信徒のようですから、ローマ教皇が「教派からの追放」の意味で「破門」を使ったとしても意味をなさないことになります。

破門は宗教改革の時代に限らず、古代からたえず起こっていました。たとえば、小アジアに登場したモンタノス*や、独自の正典を作ろうとしたマルキオン*も破門されています。そして、ルターもカトリック教会という共同体から破門を宣言されました。

そもそも破門とはどのような意味を持つのでしょうか。日本語の「破門」は仏教な

モンタノス
(?—一七〇頃)終末に神の霊が注がれることを期待し、熱狂主義的な運動を展開した。その禁欲的生活はのちの修道院に影響を与えた。

マルキオン
四七—四八頁参照。

どにおいて「宗門からの除籍」という意味で使われ、宗教以外でも師弟関係を断つといった意味で用いられています。キリスト教においてはラテン語で「～から」を意味する接頭辞 ex- と「共同する」を意味する communicare が組み合わさってできている excommunicatio という語に由来し、「共同体からの排除」という意味です。慣用的には信徒としての資格を奪って宗門から除き去るという意味で用いられ、教会法では刑罰制裁の側面もあり、ある信徒を教会共同体から排除する懲戒罰を意味するものとして用いられます。聖書ではマタイによる福音書一八章一七―一八節「それでも聞き入れなければ教会に申し出なさい。教会の言うことを聞き入れないなら、その人を異邦人か徴税人と同様に見なしなさい」を典拠のひとつと考えることができます。

　また、「アナテマ」という語との関係も考える必要があるかもしれません。アナテマとは「呪われている」といった意味をもつ語で、コリントの信徒への手紙一の一六章二二節には「主を愛さない者は神から見捨てられるがよい」とあり、ガラテヤの信徒への手紙一章八―九節には「しかしたとえわたし自身であれ、天使であれ、わたしたちがあなたがたに告げ知らせたものに反する福音を告げ知らせようとするならば、呪われるがよい。……あなたがたが受けたものに反する福音を告げ知らせる者がいれば、呪われるがよい」と記されています。古代教会において、キリスト教の教えと異なるものを唱える者への「呪い」の言葉は共同体からの除名を意味していました。ニカイア公会議にまで遡ることのできる今日の「ニケア信経*」はその原型に「アナテ

信経
「信仰を告白する定式文」を日本聖公会では「信経」と言うが、カトリックおよびプロテスタント諸教派では「信条」と言う。

マ」という言葉が加えられています。

聖人の定義

一九七九年にノーベル平和賞を受賞したマザーテレサが二〇一六年に列聖されました。「聖人」は『新カトリック大事典』では「神の恩恵を特に豊かに受け、キリスト者として優れた生き方と死に方をし、教会によって崇敬に値する者と判断された人びと」と説明されています。このようなカトリックの伝統的な聖人理解に対して、プロテスタントの主な教派では、ペトロやパウロなどの使徒や、マタイやルカなどの聖書記者に対する崇敬の気持ちはあっても、教理の中で「聖人」を認め、聖人崇拝や聖霊の執り成しなどの機能を認めるということはありません。したがって、聖人を認めているのはカトリック教会と東方正教会、プロテスタントでは聖公会とルター派（ルーテル教会）、それにメソジスト派の一部となります。また、それぞれの派で、聖人と認められている人は違っています。

聖公会とルター派は基本的に宗教改革以前にカトリックで聖人とされた人は、そのまま聖人としていますが、聖公会は宗教改革当時、クランマー大主教により教会暦の整理がなされ、聖人を記念して礼拝する「聖人の日」が大幅に削減されました。礼拝を捧げる聖日は基本的に労働が禁じられていたからです。

メソジスト派では典礼を重視するグループが聖人を認めていますが、殉教者も聖人

聖公会における聖人
梶原志朗「殉教者・聖人の記念日（固定祝日）」『聖公会の礼拝と祈祷書』森紀旦編、聖公会出版、一九八九年、七〇―七一頁

と呼ばれており、その中に第二次大戦中のルター派の牧師ボンヘッファーとキング牧師が含まれているのは興味深いところでしょう。現代においてイギリス聖公会では、第二次大戦中のコルベ神父*やエルサルバドルのオスカル・ロメロ大司教といったカトリックの聖人も聖公会の聖人として崇敬しています。

いずれにしても、列福、列聖など聖人とされるまでの条件やプロセスはカトリックや東方正教会では厳密に決められていますが、聖人を認めているプロテスタント諸派にはそうした規定はなく、認定はいわば例外的なものとされているようです。また、聖公会の特徴として国や地域によって独自の聖人が認められている場合があり、日本ではキリシタン時代の殉教者やフランシスコ・ザビエル、初代主教ウィリアムズを覚える記念日（小祝日）が設けられています。

宗教改革やルネサンスの歴史的評価

ルネサンスはフランス語の renaissance に由来し、「再び生まれること」「再生」を意味する言葉です。一方の宗教改革の方は「再形成」「再創造」を意味することは既に述べました。つまり、両方とももともと一般名詞であり、意味的にも共通していると言えるでしょう。

一般に、ルネサンスは一五世紀にイタリアで始まり、次第に北上して、一六世紀にヨーロッパ各地に広がっていった文化復興運動と捉えられます。宗教改革はローマ・

＊マキシミリアノ・コルベ　カトリックの神父。アウシュヴィッツの強制収容所で、餓死室に送られる人の身代わりになった。日本で六年ほど宣教していた。

カトリック教会の体制に抗する新たな動きと見ることができるでしょう。「再生」「再形成」といった言葉が使われるときには、それに先立つ時代や体制を否定する契機が含まれていることは否定できません。そこには中世に対する否定的な評価があったという可能性もあります。

中世は単一的で同質的な一〇〇〇年間であったわけではなく、中世の間に幾度も変化の動きがあったことが最近の研究ではわかってきています。たとえば、カール大帝時代のカロリング・ルネサンス*や、一二世紀ルネサンス*などがそれにあたります。

ある時代を高く評価することは別の時代（多くは評価の高い時代の前の時代）を低く評価することにつながる場合も少なくありません。しかし、時代間の差異を強調しすぎれば、時代的な連続性がないがしろにされることも起こります。歴史的なまなざしを持とうとするときには、このようなことに十分に注意しなくてはなりません。

キリスト教と日本の出会い

日本に最初にキリスト教が伝えられたのは室町時代（戦国時代）、天文年間の一五四九年のことです。キリスト教を伝えたのは新しく誕生した修道会、イエズス会の宣教師フランシスコ・ザビエルであることはよく知られています。彼はパリのモンマルトルで、イグナティウス・ロヨラらとともに誓いを立て、ローマ教皇に承認された後、イタリアで宣教活動をしていましたが、ほどなくポルトガル王の要請を受けて、

カロリング・ルネサンス
九世紀、カール大帝治世下を中心とするフランク王国における古典文芸の復興。聖職者教育がその中心であった。

一二世紀ルネサンス
アリストテレスの未知の著作が改めてヨーロッパ世界に紹介され、プラトンの思想などギリシア哲学への関心が高まった。アンセルムスらによるスコラ哲学の発展に大きな影響を与えた。

インドに向かってリスボンを出発しました。インドのゴアを中心に活動し、そこで伝道神学校を設立します。その後、マラッカとモルッカ諸島にも伝道し、そのマラッカで鹿児島出身のヤジロウと出会い、それが日本に来るきっかけとなります。ヤジロウにはゴアで神学を学ばせ、自身は一五四九年八月一五日、二人の会士とともに日本へ向かいました。ザビエルは鹿児島に上陸すると、島津家当主、島津貴久と会見し、布教を開始しました。ザビエルの日本滞在は一五五一年一一月までの二年三か月という短い期間でしたが、その間に平戸、博多、山口、京都、大分などで活動しました。ゴアにいる友人に宛てた手紙に、当時の日本人の様子が記されています。

まず第一に、わたしたちが今までの接触によって知ることのできたかぎりにおいては、この国民は、わたしが遭遇した国民の中では、一番傑出している。わたしにはどの不信者国民も、日本人より優れている者はないと考えられる。日本人は、総体的に、良い素質を有し、悪意がなく、交わってすこぶる感じがよい。かれらの名誉心は、特別に強烈で、かれらにとっては名誉がすべてである。日本人はたいてい貧乏である。しかし、武士たると平民たるとを問わず、貧乏を恥辱だと思っている者は、一人もいない……それで金銭よりも、名誉を大切にしている。

H・テュヒレ他『キリスト教史5　信仰分裂の時代』四七八―四七九頁。

日本人に本格的に宣教するためには、日本に精神的に影響を与えている中国について知る必要があると考えたザビエルは、まず中国で布教しなくてはならないことを痛感し、一度ゴアに戻ってから、中国に向かいますが、その途中で熱病に倒れて逝去してしまいました。一五五二年一二月三日、ザビエル四七歳のことでした。ザビエルが蒔いた種は、その後、日本の地において開花することになり、それから八〇年近くの間、日本が鎖国するまでキリスト教は布教されました。

鎖国後に唯一日本との交流を認められたオランダは、プロテスタントが中心になってカトリック教国スペインから独立した直後であったことはすでに触れました。キリスト教が日本に伝えられたのは、キリスト教の歴史において実に大きな変革の時代であったことを改めて確認しておきたいと思います。

5　近現代のキリスト教

宗教改革以降のキリスト教の歩みについて、ドイツの教会史家カール・ホイシは次のように述べています。

一六世紀の教会を分裂させた対立がいかに深刻なものであったにせよ、……キリスト教そのものが真理であるという点に関しては一致していた。……一八世紀、さらに進んで一九、二〇世紀においてこの前提は動揺するに至り、西欧的世界観の統一は解消してしまった。もはやキリスト教の真理は神学的問題提起の前提ではなく、かえって神学的問題の対象となったのである。……三一三年（キリスト教寛容令）ないしは三八〇年（キリスト教国教化）以来一八世紀に至るまで、地中海世界・西欧世界の文化はまったくキリスト教的であったのに、一八世紀以降、……多くの点でコンスタンティヌス大帝以前の時代を想起させる状況となり、この傾向は、一九世紀にはさらに進んで、二〇世紀に極まるのである。

カール・ホイシ『教会史概説』荒井献・加賀美久夫訳、新教出版社、一九六六年、一一九―一二〇頁。

キリスト教が布教され、信奉されている地域において、宗教と言えばキリスト教であり、キリスト教がそこに生きる人びとの大前提であったのは、ローマ帝国のキリスト教公認から宗教改革の時代くらいまでであったということになるようです。宗教改革の時代以降、キリスト教を暗黙の前提とすることは次第に難しくなっていきました。すべての人が神、キリストを信じていると前提することができなくなったということです。それが近代であり、現代です。わたしたちはその現代という時代を生きていますので、古代や中世に較べますと、宗教改革の時代というのは身近に感じるかもしれませんが、それでも現代からすると、大きく隔たりがある時代ということになります。

近代のキリスト教

近代はおおよそ一七世紀半ばから一九世紀までと捉えておきたいと思います。近代のキリスト教については大きくヨーロッパのキリスト教とアメリカのキリスト教の二つに分けて話を進めることにします。

近代ヨーロッパでは自然科学が発達していきました。一例をあげますと、二世紀ギリシアの天文学者プトレマイオスが唱えた天動説がそれまで長く支配的でしたが、一六世紀に入ると、ポーランドの天文学者コペルニクスが地動説を唱えるようになります。当初は多くの反対に遭いますが、イタリアのガリレイ*やドイツのケプラー*の実

ガリレオ・ガリレイ
（一五六四―一六四二）物理学者・天文学者。天動説を唱え、宗教裁判にかけられ自説の放棄を命ぜられた。

ケプラー
（一五七一―一六三〇）天文学者。ニュートンの万有引力発見の基礎となる、惑星の軌道形とその運動法則（ケプラーの第一、第二、第三の法則）を発見した。

験、イギリスのニュートン（一六四二―一七二七）の万有引力の法則の確立によって、地動説は実証されていきます。この実証的な態度こそが今日に至る自然科学の精神の源となっていると言ってよいでしょう。

自然科学を支える考え方として、人間の理性を重視する合理主義が登場してきます。もちろん、それまでも理性重視の考えはありました。それがまさにキリスト教以前の西洋哲学の歴史を形成していましたが、中世には人間の理性はあくまでも神との関係において考えられる傾向が強くなります。そこには人間の精神は「神の像」として造られたという旧約聖書の理解が根底にありました。

近代になると、神を信仰するかどうかという宗教の問題を外において、人間の理性それ自体を考える傾向が強くなります。「我思う《コギト》、ゆえに《・エルゴ・》我あり《スム》」で有名なフランスの哲学者ルネ・デカルト*はその代表と言ってよいでしょう。デカルトは自らの感覚をはじめ、さまざまな認識のあり方を疑っていきますが、その中で疑っている自分がいるということだけは確かであるとして、考える主体としての「我＝自己」を重視しました。この世界は三次元空間を占める物体（身体もそのうちに含まれる）と、空間を占めることはないけれども、考える主体、思惟する存在という二種類の存在で構成されているという考えです。これを「心身二元論」といいます。「考える・意識する」という人間のあり方はその後の思想の中で大きな影響を与えることになります。これはこの世界の三次元空間を占める物体とは別の原理によって人間精神は存在していると

デカルト（一五九六―一六五〇）　哲学者・数学者・自然科学者。数学と幾何学、屈折光学を研究すると同時に独自の哲学的方法論を形成し、近代哲学の展開に大きな影響を与えた。

いうことで、こうした考えが自然科学の発達を支えていくことになります。

キリスト教と哲学

哲学の歴史はキリスト教の歴史よりも当然古く、およそ二六〇〇年の歴史を有しています。哲学とは人生観であり、世界観であるという理解に立つならば、有史以来、哲学はあらゆるところにあったと言えなくもないのですが、人間の知性的な営みとしてひとつの学問探求という形で成立したのはギリシアの地でした。プラトンやアリストテレスはその中で登場してくる哲学者です。

近代になって自然科学などの学問が発展して、デカルトやカント*などの哲学者が再び登場するようになったという印象はあるかもしれません。古代ギリシアの時代には盛んだった哲学は、いわばキリスト教の支配下に入って衰退し、近代に入ってようやくキリスト教から解放されて自立の道を歩み始めたというイメージを抱く人も少なくないようです。

しかし、古代におけるキリスト教の普及で哲学的な営みが消えてなくなったわけではありません。古代の教会の指導者である教会教父、中世には修道士や神学者が哲学的営みを行っていました。こうした人びとは古代ギリシアで栄えた哲学的な営みを、キリスト教のなかにどのように取り入れていくかということに精力を注いだ人であり、キリスト教のうちに与えられた信仰とその内容を人間の理性によって少しでも明

カント
(一七二四―一八〇四) ドイツの哲学者。人間理性の可能性と限界を批判的に吟味し、構成可能な世界像を明示することで、普遍的な理性的存在者の思想を構築、理想主義哲学(ドイツ観念論)の源泉となった。

らかにしようとした人でもあります。

たしかに近代には哲学者と言われる人びとが登場しますが、このような古代、中世のキリスト教の影響はけっして反故にされることはなく、神の存在についてはもちろんのこと、人間存在についての理解をめぐっても、哲学者の問いのうちに、キリスト教的な問題群は、色濃く影響を与えることになっていくのです。

近代のイギリス

一七世紀の終わりから一八世紀にかけて、イギリスでは理神論（deism）という考え方が現われます。簡単に言うと、理性によって明らかになる限りでの信仰のみを重視し、それを信ずるという考え方です。ジョン・トーランド*やマシュー・ティンダル*といった人物がその代表です。トーランドの著作『秘義なきキリスト教』（*Christianity not mysterious*, 1696）には題名からして、理性で説明することが難しそうなもの、つまり神秘的な要素をキリスト教から取り除こうとする態度が見られます。

自然科学や合理主義の影響で、ただちにキリスト教が衰退してしまったわけではありません。むしろ、そのような考え方の反動として、新たなキリスト教の動きが生まれてきたことも確かです。たとえば、メソジスト派の祖として知られるジョン・ウェスレー（一七〇三―一七九一）は若い時に、理神論の考え方に異議を唱えたウィリアム・ローの『敬虔で聖なる生活への招き』（一七二八年）という作品に影響を受けた

トーランド（一六七〇―一七二二）彼の著作は新約聖書の真正性に疑問を投げかけたと受け取られた。『秘義なきキリスト教』（叢書ウニベルシタス９５７）三井礼子訳、法政大学出版局、二〇一一年

ティンダル（一六五五―一七三三）指導的な理神論者。主著『天地創造と同じほど古いキリスト教』（一七三〇）。

と言われています。ウェスレーはオクスフォード大学に在学中、弟のチャールズ*と共に、神聖クラブの指導者となり、ある一定の方法（メソッド）で規則正しく生活・学習することを提唱したことからメソジストと呼ばれるようになります。その後、米国での宣教でモラヴィア派*から影響を受け、自己の魂の回心、再生という体験的な方法でキリストの救済、聖霊の感化を理解し、福音に生きる喜び・救いにあずかった者がそれに相応しい敬虔な生活を送ることを重視するようになっていきます。一七三九年には野外説教を開始し、一日三、四回の説教をしながら、イギリス全土を巡るという活動を五二年続けました。その間に三六万キロを踏破し、四万回の説教を行ったと言われています。また、彼は集会（society）、班（band）などを組織し、会員証の発行を徹底するなど、独自の活動を展開しました。ウェスレー自身は最後まで聖公会に留まっていましたが、その死後、一七九五年に共鳴者たちはメソジスト派として国教会から分離することになります。

　この時代のイギリスには、ウェスレーの働きだけではなく、それと前後して、宣教団体が登場していることも記憶に留めておきたいと思います。日本聖公会にとってはその原点ともなる海外福音宣教協会*と英国教会宣教協会*がこの時期に誕生しました。

　聖公会の内部には「低教会派」「高教会派」という傾向が存在していました（広教会派*もあります）。低教会派は福音派とも言われ、個人の回心や聖化を重んじ、実践的、伝道的活動に熱心であり、礼拝では簡素な祭服や所作を特徴とします。この動き

チャールズ・ウェスレー
（一七〇七―一七八八）英国の五大聖歌作者の一人。聖歌の伝道的効果を意識して約六〇〇〇の聖歌を作詞する。

モラヴィア派
中世ボヘミアで登場したカトリックの在り方に批判した教派の一つであるフス派の一派。

海外福音宣教協会（SPG）
Society for the Propagation of the Gospel in Foreign Parts. 一七〇一年設立。

英国教会宣教協会（CMS）
Church Missionary Society. 一七九九年設立。

広教会派
broad church オクスフォード運動とは異なり神学的な再定義に反対し、国教会の礼拝諸式における細字規定（ルブリック）などを自由主義的な理解によって広義に解釈しようとした。

はウェスレーの活動と共鳴しあうところも少なからずありました。高教会派は教会の権威、歴史的主教制、礼拝の儀式などを重視します。一九世紀になると、イギリスの聖公会内部にカトリック的な要素を見直そうとする動きが生じてきます。この運動はオクスフォード大学を舞台としていたことから「オクスフォード運動」と呼ばれます。トラクト（時局論集）の発行を活動の中心としていたことから「トラクト運動」と呼ばれることもあります。一八三三年、政府がアイルランドの十教区を財政的理由から削減したことを「国家的背教」と非難する説教をジョン・キーブル（一七九二―一八六六）が行い、イギリスの国教会は使徒継承によるものであり、国家の法令という人間の制度によって変えられる存在ではないことを強調します。エドワード・ピュージー（一八〇〇―一八八二）やヘンリー・ニューマン*がこの運動に協力しました。この一連の運動が聖公会に与えた影響は小さくありませんでした。

近代のフランス、ドイツ

フランスでは、宗教改革以降もしばらくはカトリックがその中心的な勢力を保ちますが、合理主義、啓蒙主義の影響でその力にも陰りが見えるようになっていきます。前時代の因習や偏見、迷信からの解放がヴォルテールやディドロ、ダランベールらによる『百科全書』によって叫ばれるようになり、一八世紀後半になると、教会はますます衰退していきます。とくにフランス革命の折には、カトリック教会はアンシャ

ニューマン
（一八〇一―一八九〇）「三九箇条」をカトリック的に解釈できると一八四一年に表明するが、批判を受け、国教会司祭を辞任、四五年カトリックに改宗。七九年枢機卿となる。

ン・レジーム（旧体制）の権化とみなされ、大打撃を受けることになります。イエズス会の弾圧、教会財産の没収などがこの時期に起こりました。

カトリック教会は完全に力を失ったかに見えましたが、一九世紀前半、フランス革命以降のいわゆるウィーン体制の時代に回復の兆しが見え始めます。前時代からの反動で中世、空想、神秘的なものへの関心が高まり、カトリック教会は復興し、それまでに見られなかったほどにローマ教皇が力を持ち始めます。いわゆる教皇至上権主義《ウルトラモンタニズム》の時代です。一八一四年にはイエズス会が活動を再開し、一八五四年には「マリア無原罪の御宿りの教説*」が認められます。また、一八六二年には合理主義、近代思想（社会主義、共産主義、自由主義神学など）、聖書協会、政教分離などを批判する「謬説表《シラブス》」が公けにされます。一八六九年に開催された第一ヴァチカン公会議では「教皇無《む》謬《びゅう》説*」(ex cathedra) が認められ、教皇レオ一三世のときに、トマス・アクィナスの権威がカトリック神学の基盤に置かれることになり、『神学大全』が新たに校訂されていきます。

ドイツでは一八四〇年ごろ、教団に必ずしもとらわれない自由主義神学の影響を受けたD・F・シュトラウス（一八〇八―一八七四）によって『イエスの生涯*』が執筆されました。それはヨハネによる福音書の史的価値、共観福音書の奇跡物語の史実性を否定したもので、新約聖書のキリストは本質的に教団が創作した神話であるとするかなり挑発的な著作です。その後、その過激さを批判されたために『信仰のキリスト

マリア無原罪の御宿りの教説
マリアはその存在のはじめ、すなわち、母アンナの胎内にいたときから、原罪を免れていたとする説。

教皇無謬説
信仰・道徳の事柄について教皇は誤りを教えないように守られているとする説。

*D・F・シュトラウス『イエスの生涯1』（近代キリスト教思想双書）岩波哲男訳、教文館、一九九七年

と歴史のイエス』で考えを和らげますが、このような動きは現代のドイツ神学のはしりとなるものでした。その後、一九世紀後半には宗教史学派*が登場し、今日の聖書学に大きな影響を与えていくことになります。

アメリカのキリスト教

アメリカがキリスト教の歴史に登場するのは一七世紀以降と考えていいでしょう。ヨーロッパでは一五五五年のアウクスブルク宗教和議においてカトリック教会とルター派のあいだに信教の自由が認められ、その約一〇〇年後の一六四八年にヴェストファーレン条約でカルヴァン派の信教の自由も認められますが、その歩みはけっして速いものとは言えません。同じ一七世紀にイングランドではバプテスト派や会衆派、クエーカー派が生まれています。もっとも早い時期にイギリスからアメリカ大陸に渡ったのは「ピルグリム・ファーザーズ」と呼ばれるピューリタンのグループでしたが、ほかの教派も加わり、アメリカ大陸におけるキリスト教熱は広がっていきました。

一八世紀半ばになると、信仰復興運動（大覚醒）と呼ばれる運動が起こり、ニューイングランドなどを中心に、原住民への伝道、聖書の普及、教育、社会事業を通じて異教徒を回心へと導くことを自らの使命とする人びとが現われます。その中でもよく知られているジョナサン・エドワーズ（一七〇三―一七五八）は、神の絶対的主権と

宗教史学派
キリスト教の解釈において教義的考察を最小限に抑え、宗教の比較研究からの知識を広く用いたドイツの聖書学者の一派。

予定説を主張するカルヴァン主義の立場に立ち、真に選ばれた聖徒だけが正規の教会員であると確信し、のちにニュージャージー大学（現プリンストン大学）の学長となるような人でした。やがて、アメリカがイギリスから独立すると、一七八五年、イングランド教会はアメリカではプロテスタント主教制教会（アメリカ聖公会）と言われるようになります。

一九世紀初頭には再び宣教熱が広がります。この時期の特徴は海外へと目が向かい始めたことでした。これは第二次大覚醒と呼ばれていますが、一八一〇年にはアメリカンボード（会衆派）、一八一四年にはバプテスト派、一八一七年には長老派、一八一八年にはメソジスト派、一八二〇年には聖公会が次々と伝道組織を形成します。こうした伝道組織がやがてアジア、そして日本にキリスト教を伝えることになります。

現代のキリスト教へ――第二次世界大戦以前の欧米

ここでは、二〇世紀以降のキリスト教を「現代のキリスト教」とし、第二次世界大戦以前と以後に分けて考えていくことにします。

イギリス、とくにイングランドの二〇世紀はヴィクトリア女王の逝去とともに始まりました。英国教会は世界規模の教会へと飛躍し、有機的な交わりを意味する「アングリカン・コミュニオン」（Anglican Communion, 聖公会）として歩み始めます。とくに宣教師の活躍が顕著で、北アメリカでの発展も目が見張るものがありました。

一八六七年には、世界の聖公会の主教が集う第一回ランベス会議が開催され、その後この会議は一〇年ごとに開かれるようになります。一九〇八年の第五回ランベス会議と同年開催の全聖公会会議（パン・アングリカン・コングレス）において、ウェストミンスターアビィのロビンソン司祭はアングリカン・コミュニオン理解について、「聖なるカトリック教会」の伝統を受け継ぎつつ、アングロ・サクソン民族を中心として全世界の民族に対する神から与えられた使命と義務として位置づけられていると述べました。当時の会議出席者はアングロ・サクソン系の教会と、それらの教会から派遣された植民地教会の少数の現地の代表者たちであったため、このような理解が示されたのは「不思議ではなかった」と塚田理は著書の中で述べています。*

しかし、ほどなく勃発した第一次世界大戦と戦後の荒廃が大きな影を落としました。後のカンタベリー大主教ウイリアム・テンプル（一八八一―一九四四／在位一九四二―四四）もその中で力を尽くしました。その後、情報交換・協議の場として、各教会や管区から聖職者と信徒をふくめて構成される全聖公会中央協議会*（ACC）が一九六九年に創立され、三八の管区をもつ世界の聖公会へと発展していくことになります。

ドイツは一九一八年のドイツ第二帝国崩壊後、一九一九年にワイマール憲法が発布され、新しい道を歩み始めますが、ヒトラーの登場により、ドイツのキリスト教はナチ政権、ユダヤ人排斥を支持するグループと反対するグループに分かれていきます。いわゆるドイツ・キリスト者と告白教会の対立で、カール・バルト*などの神学者たち

*塚田理『イングランドの宗教』教文館、二〇〇四年、五七二頁

*全聖公会中央協議会　Anglican Consultative Council　主教とともに各教会や管区から聖職者と信徒をふくめて構成される助言的な団体。

*カール・バルト（一八八六―一九六八）ドイツのプロテスタント神学者。主著『ローマ書』『教会教義学』。

はナチに反対するバルメン宣言*を出しますが、この闘争によって、バルトやパウル・ティリッヒ*は国外追放、ボンヘッファー*は獄死してしまいます。

アメリカ合衆国は二〇世紀初頭の段階で、人口の約九五％がキリスト教徒で、そのうちの六五％がプロテスタントでした。その半分以上をメソジスト系とバプテスト系が占め、そのほかはアメリカ聖公会、長老派、ルター派などでした。

当時のアメリカのキリスト教は大きく自由主義、進歩主義、世俗主義的傾向の人びとと、ファンダメンタリズム、福音主義、保守主義的傾向の人びとに分かれていました。前者は公共志向的、社会的責任、社会的救済を重視するのに対して、後者は個人志向的、個人の信仰、救済重視の傾向が強いと言えるでしょう。また、前者では科学研究での新たな成果を踏まえた聖書批評が盛んになり、進化論受容など自由主義的傾向が強くなっていきますが、後者は、自由主義者はキリスト教の根本的教理から逸脱しているとし、一八九五年にナイアガラ協議会により「ファンダメンタリズム五条項」声明の発表をし、そのなかで、聖書の逐語的無謬性、イエスの神性、処女降誕、代償的贖罪論、キリストの肉体的復活と身体的再臨を主張しました。

カトリック教会では教皇ピウス一〇世（在位一九〇三―一四）のとき、フランスが一九〇五年に政教分離政策をとり、聖書学者ロワジーなどが近代主義的主張を展開しました。カトリックの教義について近代の聖書学、歴史批評学などによって再解釈が試みられましたが、一九〇七年、教皇は教令「ラメンタビリ」と回勅「パスケン

バルメン宣言
一九三四年　ルター派、合同派、改革派の代表者全会一致により採択された「ドイツ福音主義協会の今日の状況に対する神学的宣言」。

ティリッヒ
（一八八六―一九六五）ドイツ生まれのプロテスタント神学者・宗教哲学者。宗教と文化、神学と哲学、観念論とマルクス主義など、緊張関係にある二つの領域の境界で思索を展開する。

ボンヘッファー
（一九〇六―一九四五）ドイツの神学者・牧師。告白教会の牧師研修所の所長となり、ナチへの抵抗運動を推進するも、逮捕され強制収容所で処刑される。

ディ」により近代主義を断罪、ロワジーを破門にしました。

第二次世界大戦後の欧米プロテスタンティズム

イギリスでは、終戦の年にカンタベリー大主教になったフィッシャー（在位一九四五—六一）のもとで、二回のランベス会議（一九四八および一九五八）と第二回全聖公会会議（一九五四）が開催されています。続くラムゼイ大主教（在位一九六一—七四）のときにはランベス会議（一九六八）及び第三回全聖公会会議（一九六三）が開催されるとともに、全聖公会中央協議会（ACC）が設立され、併せて聖公会—ローマ・カトリック国際委員会も発足します（一九七〇）。これは聖公会とカトリック教会との関係を構築する上で、きわめて重要な意味をもっており、一九八二年には両教派によるユーカリスト*の教理、奉仕職と聖職叙任、教会における権威についての合意声明が『最終報告』として刊行されました。さらに一九九〇年代には英国教会と福音ルーテル教会で「ポルヴォー共同声明」（一九九三）を発表し、調印式（一九九六）も行われました。一九八八—九三年には女性の歴史的主教職につく可能性を検討する委員会の報告書「イームズ・レポート」が出されるに至っています。

ドイツは一九四五年に新生・ドイツ福音主義教会が誕生します。一九四九年から一九九〇年まで東西に分裂する中で、プロテスタント、カトリックがそれぞれに教会の日を設定し、集会をもつようになっていきます。

ユーカリスト
Eucharist　聖餐。キリスト教の礼拝の中心部分。イエス・キリストが聖餐制定の際に「感謝（エウカリスティア）の祈り」を唱えたことから名づけられたとも言われる。

キリスト教会の展開

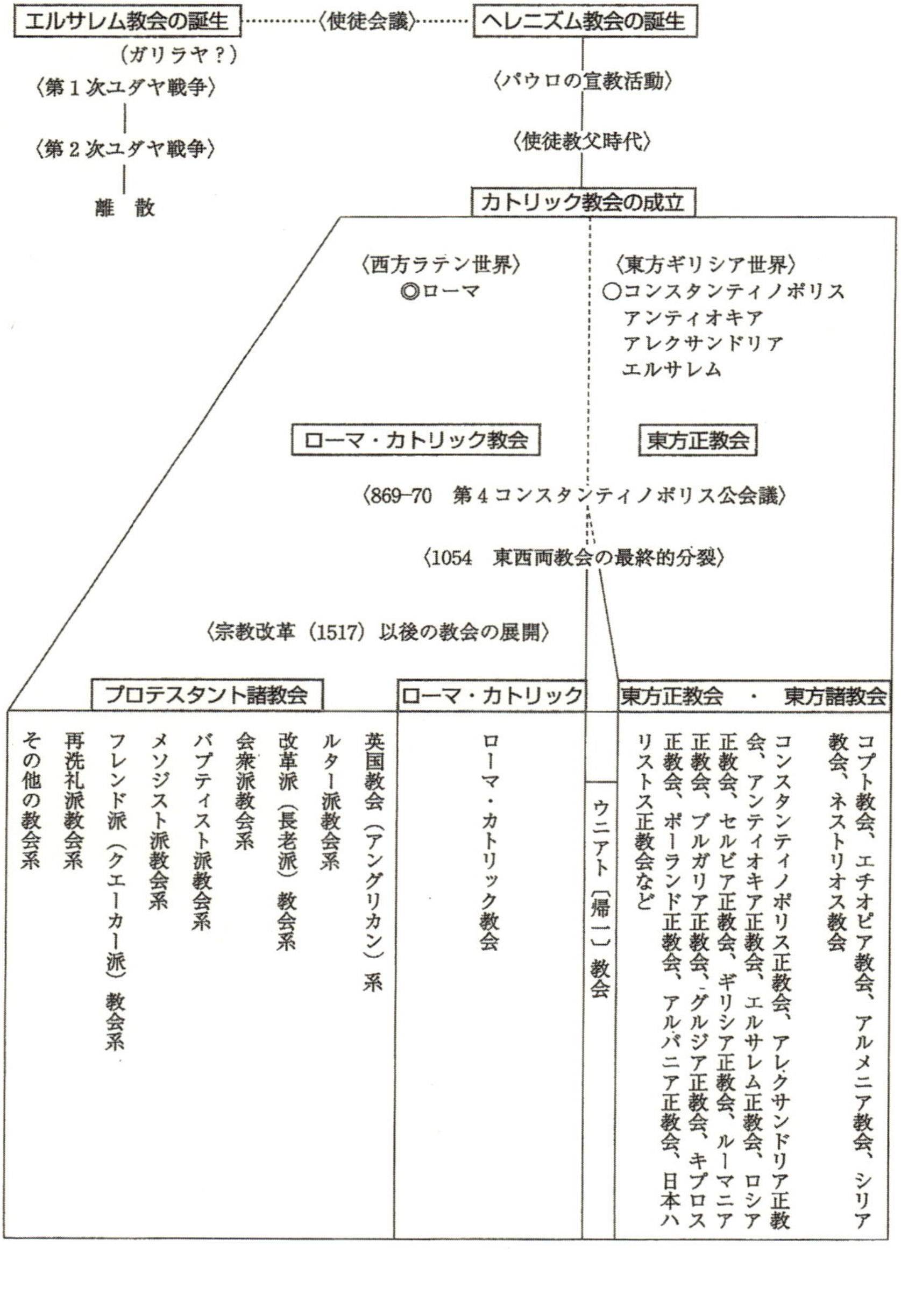

エルサレム教会の誕生
〈使徒会議〉
ヘレニズム教会の誕生
（ガリラヤ？）
〈第１次ユダヤ戦争〉
〈第２次ユダヤ戦争〉
離　散
〈パウロの宣教活動〉
〈使徒教父時代〉
カトリック教会の成立
〈西方ラテン世界〉
◎ローマ
〈東方ギリシア世界〉
○コンスタンティノポリス
アンティオキア
アレクサンドリア
エルサレム
ローマ・カトリック教会
東方正教会
〈869–70　第４コンスタンティノポリス公会議〉
〈1054　東西両教会の最終的分裂〉
〈宗教改革（1517）以後の教会の展開〉
プロテスタント諸教会
英国教会（アングリカン）系
ルター派教会系
改革派（長老派）教会系
会衆派教会系
バプティスト派教会系
メソジスト派教会系
フレンド派（クエーカー派）教会系
再洗礼派教会系
その他の教会系
ローマ・カトリック
ローマ・カトリック教会
ウニアト〔帰一〕教会
東方正教会　・　東方諸教会
コプト教会、エチオピア教会、アルメニア教会、シリア教会、ネストリオス教会
コンスタンティノポリス正教会、アレクサンドリア正教会、アンティオキア正教会、エルサレム正教会、ロシア正教会、セルビア正教会、ギリシア正教会、ルーマニア正教会、ブルガリア正教会、グルジア正教会、キプロス正教会、ポーランド正教会、アルバニア正教会、日本ハリストス正教会など

アメリカ合衆国は約二〇〇〇の教派に分裂していますが、再合同の動きもあります。バプテスト系は大きく南部バプテスト連盟とアメリカ・バプテスト連盟に分かれ、メソジスト系も、合同メソジスト教会ほかにホーリネス教会なども現われます。長老派・改革派はともにカルヴァン主義ですが、前者はイギリス、後者は大陸の流れを汲むもので、それぞれアメリカ合同長老派教会、アメリカ改革派教会となっており、それ以外にルター派、ペンテコステ派教会などがあります。アメリカ固有の問題としては、黒人差別の問題を無視することはできませんし、ファンダメンタリズムが孕む問題は今日でも続いています。

第二ヴァチカン公会議

教皇ヨハネス二三世のとき（一九五八―六三）、一九六二年一〇月一一日に第二ヴァチカン公会議が開催されました。この会議は投票権を有する二五四〇名の司教、数百人の顧問神学者（カール・ラーナー*など）、オブザーバーからなり、「今日化」といった意味のイタリア語「アジョルナメント」(aggiornamento) という標語のもと、第一会期（一九六二）、第二会期（一九六三）、第三会期（一九六四）、第四会期（一九六五）の四つの会期に分かれて行われ、「教会憲章」「啓示憲章」「典礼憲章」「現代世界憲章」の四つの憲章、「司教司牧教令」「広報機関教令」をはじめとする九つの教令、「信教自由宣言」「諸宗教宣言」などの三つの宣言、併せて十六の文書が採択されました。

ラーナー
（一九〇四―一九八四）ドイツのカトリック神学者。二〇世紀のカトリック教会の刷新運動に指導的役割を果たし、他宗教との対話に道を拓く。

改革の項目としては①典礼の現代語化、②神の民であることにおいて教会員は平等であること、③プロテスタントの復帰よりも分裂した兄弟との再一致を目指すこと、④教会は信徒間の対話だけでなく現代世界との対話が不可欠であることが挙げられます。また、公会議会期中の一九六四年には教皇とコンスタンティノポリス総主教アテナゴラスの歴史的会見も行われました。

宗教改革の時代に誕生したイエズス会はキュプリアヌス*に由来する「教会の外に救いなし」(non salus extra ecclesiam) の精神の下に全世界への宣教を行いましたが、その点で第二ヴァチカン公会議は非常に大きな転換でした。キリスト教の絶対性も時代と共に表現を和らげていきました。ラーナーが唱えた「無名のキリスト者*」という考えもその線上にあると言えるでしょう。

キュプリアヌス
(二一五八没) カルタゴ司教。異教徒の修辞学者から二四六年頃にキリスト教に改宗。教会の外にある誰も教会のサクラメントに与れないという理由で、離教者の再洗礼を要求した。

無名のキリスト者
anonymous Christian ラーナーにおける「キリスト者と見なされる必要のある異教徒のことで、キリストの福音を聞いたことはないが、キリスト者とまったく生き方が変わらない人びと」。

II

キリスト教をめぐる諸問題

6 今日のキリスト教

第Ⅰ部ではキリスト教の歩みについて述べてきましたが、第Ⅱ部では現代社会が抱えている平和、差別、自然災害などの問題とキリスト教がどのように関係しているのか、また、現代における救い、聖書の読み方や解釈、キリスト教の将来などの信仰に深く関わっている問いについて考えていきたいと思います。

まずは「エキュメニカル運動」から始めることにしましょう。これは今日におけるキリスト教のあり方を考える上で、非常に重要な視点をもたらすものであり、この運動において聖公会は主導的役割を果たしてきました。

エキュメニカル運動

事典の類では「世界教会運動」「教会一致促進運動」などと訳される「エキュメニカル」あるいは「エキュメニズム」とはそもそもどういう意味なのでしょうか。

この語の語源は「世界」「人の住む全地」「人類」などの意味をもつギリシア語の「オイクーメーネー」という語に遡ることができます。「世界教会運動」は字義通りの

鈴木光武『世界教会運動の理念と実践』日本ＹＭＣＡ同盟、一九五八年。

呼称と言えます。じっさい、分裂を繰り返してきたキリスト教会の歴史からすれば、教会一致運動、あるいはそれを促進する運動という認識がより相応しいとする傾向が徐々に強くなっていったと言えるでしょう。

『キリスト教大事典』では次のように説明されています。

> 世界教会協議会（WCC）を、その実践形態また最高機構とするキリスト教内の運動をいう。世界教会的な性格をもつキリスト教運動は、ほかにも幾つかある。……これらは、……キリスト者は主にあってひとつであるという真理と信念を土台として、また前提として組織された実践運動である。エキュメニカルという語を、超（supra-）、没（non-）、あるいは諸教派連合的（inter-denominational）という意味で用いる限り、これら諸団体はみなエキュメニカルであり、いずれも世界教会運動の一翼であり、WCCはこれら諸団体の前提とするところを具体的な形態をとって実現させようとするものである。

『キリスト教大事典』教文館、一九六三年（項目執筆・北川台輔）

ここからは「超」のためには、「没」の契機と「連合」の契機がともに不可欠であるとする主張を読み取ることができます。

教派を超えた運動という意味でのエキュメニカルな運動についてはまず、G・ウィリアムズという人を中心にロンドンで一八五五年に始まった世界YMCA*を挙げるこ

YMCA　Young Men's Christian Association　キリスト教青年会。日本最初のYMCAは一八八〇年東京に設立された。

とができるでしょう。人格向上と奉仕の精神の高揚をはかることを目指してこの組織は結成されましたが、一八九四年には、同様の精神の下に女性たちが世界ＹＷＣＡ＊を設立します。一九〇七年の世界日曜学校協会の発足もそのような流れの中にあると考えられるかもしれません。

世界教会協議会成立までの動きは次のようにまとめられます。

一九一〇年　エディンバラにて世界宣教会議の開催

異教世界への福音、宣教と他宗教の関係、宣教師の養成、宣教の協力。

日本からは本多庸一、井深梶之助などが出席

一九二一年　国際宣教協議会（ＩＭＣ）開催

一九六一年　世界教会協議会（ＷＣＣ）に合流

ＩＭＣとともに、エキュメニカル運動の母胎となったのは「生活と実践」「信仰と職制」運動であり、Ｎ・ゼーデルブロム＊が指導的役割を果たしています。

一九二五年　第一回生活と実践会議（ストックホルム）

第二回　一九三七年開催（オクスフォード）

一九二七年　第一回信仰と職制世界会議（ローザンヌ）

ＹＷＣＡ
Young Women's Christian Association キリスト教女子青年会。日本ＹＷＣＡは一九〇五年設立。

ゼーデルブロム
（一八六六―一九三一）スウェーデンの神学者、ルター派牧師。スウェーデン教会の大監督をつとめた（一九一四―三一）。

第二回　一九三七年開催（エディンバラ）

一九三七年　両者を統合し、世界教会協議会設立のための暫定委員会を設置。聖公会のヨーク大主教W・テンプルが委員長となる。

世界教会協議会の開催年、テーマ、開催地は以下のとおり。

一九四八年　第一回「人間の無秩序と神の計画」（オランダ・アムステルダム）
一九五四年　第二回「イエス・キリスト——世界の希望」（アメリカ・エヴァンストン）
一九六一年　第三回「イエス・キリスト——世の光」（インド・ニューデリー）
一九六八年　第四回「見よ、わたしはすべてのものを新たにする」（スウェーデン・ウプサラ）
一九七五年　第五回「イエス・キリストは解放し、ひとつにする」（ケニア・ナイロビ）
一九八三年　第六回「世界の生命なるイエス・キリスト」（カナダ・ヴァンクーヴァー）
一九九一年　第七回「来たれ聖霊よ、すべての被造物を革新してください」（オーストラリア・キャンベラ）

一九九八年　第八回「神に立ち帰り、希望において喜びなさい」
（ジンバブエ・ハラレ）

二〇〇六年　第九回「神よ、あなたの恵みによって世界を変えてください」
（ブラジル・ポルトアグレ）

二〇一三年　第一〇回「命なる神よ、正義と平和に導いてください」
（韓国・釜山）

世界教会協議会で扱われているテーマ、開催地を見てみますと、キリスト教が自らの教会観を少しずつ変化させているのが見てとれるのではないでしょうか。わたしが学生時代にキリスト教について自分なりに学ぼうと思ったとき、最初に読んだ本の中に関田寛雄『キリスト教入門　教会』があります。おそらく「教会とはそもそもどういう存在なのか」という問題にぶつかっていたのだと思います。その本に記されている教会と世界の関係を図示した説明はとても印象に残っています。大まかに言えば、これまでの「神→教会→世界」という教会のあり方は「神→世界→教会」へと変わりつつあるという主旨の図でした。

現代のキリスト教が目指す教派を超えた教会と世界の関係は、二〇一二年日本聖公会宣教協議会「〈宣教と牧会の十年〉提言」で確認された「教会の五要素」によく示

関田寛雄『キリスト教入門　教会』日本基督教団出版局、一九七八年、六〇―六三頁。

されていると言えるでしょう。

「教会の五要素」（カッコ内はギリシア語）

宣教（ケリュグマ）――み言葉に聴き、伝えること、

奉仕（ディアコニア）――世界、社会の必要に応え仕えること

証し（マルトゥリア）――生活の中で福音を具体的に証しすること

礼拝（レイトゥルギア）――祈り、礼拝すること

交わり（コイノニア）――主にある交わり、共同体となること

キリスト教の絶対性を考える

第二ヴァチカン公会議において、キリスト教の絶対性という理解に非常に大きな転換があったことについてはすでに述べました。キリスト教が他の宗教に対してどのような態度で関わるかについて、古屋安雄は『宗教の神学――その形成と課題』と題する著作で英国のアラン・レイスの類型論を紹介し、他の宗教に対する態度は大きく三つに分けられるとしています。

古屋安雄『宗教の神学――その形成と課題』ヨルダン社、一九八五年、三一八―三二四頁。

排他主義（exclusivism）――徹底的排除の方法とも呼びうる。他の宗教との対話

の可能性について明るい展望をもっていない。「教会の外に救いなし」の精神はこれに属する。

包括主義（inclusivism）――諸宗教の中に神の働きを認めつつ、しかしそれだけでは十分ではないとする態度。ラーナーの「無名のキリスト者」という主張はここに含まれる。

多元主義（pluralism）――いわゆるリベラルな立場、寛容な立場、相対主義の立場と言われてきたもの。J・ヒックなどの宗教多元主義を主張する見解が含まれる。

キリスト教という一つの宗教を信じながら、他の宗教にどのような態度をとるかという問題はけっして小さいものではないでしょう。日本において、それはとくに当てはまるように思われます。また、キリスト教がこれまでどのような歩みをとってきたか、今どのように歩んでいるのか、これからどのように歩もうとしているかを考える上でも重要なことでしょう。

7　現代における聖書理解

聖書を解釈する必要性

聖書はキリスト教において、きわめて重要な書物であり、礼拝においては、その言葉に耳を傾け、説教や奨励はその言葉をめぐって行われています。先に取り上げた「教会の五要素」でも、聖書を理解することの重要性は一目瞭然です。

「聖書を理解するのは難しい」と感じている方は多いかもしれませんが、教会や集会などで聖書を読み解くことによって、少しずつ納得できるようになることが少なくありません。聖書を理解することは難しいけれども、二〇〇〇年前の時代を知ることによって理解できることが多くなるのです。

聖書の解釈をめぐって理解しておきたいのは、昔の人もけっして容易に理解できたわけではなかったらしいということです。四世紀の教父アウグスティヌスは『信の効用』という著作の中で、聖書の解釈には大きく四つあるとし、そこで問題にされているのは特に旧約聖書ですが、以下のように述べています。

旧約聖書と呼ばれる書物はすべて、これを熱心に知りたいと願っている人々に次の四種類の意味で受けとられている。すなわち、歴史的、原因論的、類比的、比喩的の四種の意味である。……

「歴史的意味」が伝えられるのは、書いてあること、あるいはなされたこと、さらになされはしなかったが、あたかもなされたかのように書いてあること〔等〕を教えられる場合である。「原因論的意味」というのは、どんな原因で事がなされたか、あるいは語られたかが示される場合である。「類比的」というのは、旧約と新約の二つの契約が矛盾するものではないということが証明される場合である。「比喩的」というのは、書いてある文章を字義どおりにではなく、比喩的に理解しなければならないことを教えられる場合である。（「信の効用」三・5）

『アウグスティヌス著作集』第4巻、赤木善光訳、教文館、一九七九年、二一一二二頁

もちろん、この解釈はアウグスティヌスが独自に生み出したものではなく、それに先立つギリシア教父に遡るものです。アウグスティヌスはこのような聖書の読み方を直接にはアンブロシウスから学び、それを旧約聖書に当てはめて解釈したのです。ここでは聖書に四つの意味があると言われてはいますが、ひとつの聖書テキストがつねに四通りに解釈されるということではありません。ある箇所は歴史的に、またある箇所は類比的に、そしてまた別の箇所は比喩的に解釈されるということです。ギリシア語圏の古代教会においては、字義的解釈と比喩的（霊的）解釈という二つの聖書解釈

の伝統があったことが知られており、アレクサンドリアでは比喩的解釈が、アンティオキアでは字義的解釈が重視されていたと言われています。

一三世紀の神学者トマス・アクィナスの『神学大全』の冒頭、第一部第一問第一〇項に「聖書は一つの字句のもとにいくつかの意味を含むものであるか」という問いの下に、聖書の四つの解釈について述べられています。それによれば、聖書には歴史的または字義的な意味、寓意的意味、道徳的意味、天上的意味があり、それらは字義的な意味と霊的意味に大別されるとされています。聖書は根本的には神が記したものであり、神は人間に単に言葉だけを与えたのではなく、その言葉が指し示すものも与え、そしてそれがさらに別のものを指し示すという形で、聖書に複数の意味が出てくると述べられています。

ここからも聖書の解釈にいろいろな層があることがうかがえます。しかし、全く同じ字句を扱っていても、すべての人がただひとつの解釈に至るとは限らないことについては、どう考えたらよいのでしょうか。アクィナスはそこにアウグスティヌスの『告白録*』で展開されている議論の重要性を見出しているようです。

アウグスティヌスは『告白録』第一二巻で、創世記一章一節の「はじめに神は天地を創造された」という箇所がいろいろな意味合いに解釈されることを引き合いに出しながら、解釈の多様性と正しい解釈について次のように述べています。

それゆえ、もしだれかが私にむかって「これらの説のうちのどれがいったい、あなたのあのしもべ、モーゼの説だろうか」とたずねるとしたら、いま話していることがほんとうの意味で私の告白であるためには、私はこの問いにたいし、あなたにむかい「知りません」と告白しなければならないでしょう。にもかかわらず、私は知っています。これらの説はみな真実だということを。

……それゆえ、もしある人が「自分の説がモーゼの考えだった」といい、また別の人が「いや、そうじゃない。僕の説がモーゼの考えだよ」という場合、次のように答えるのがむしろ宗教にかなっていはしないかと、私は思うのです。

「君たちの説がいずれも真実だとすれば、むしろそのいずれもモーゼの説だったというべきではないか。また、だれにせよ同じことばのうちに、第三、第四の真実の意味、あるいはそれとも全然異なる別の真実の意味を見いだす者があるとしても、それらの意味をことごとく、モーゼはすでに見ていたと信じて、なぜわるいか。一なる神はこの人を通じて聖書を、多くの人々がそれぞれの理解力をもって多種多様な真理をそこに見いだすことができるように、ととのえてくださったのだから」

私はといえば、恐れはばかることなく、心の底からこう宣言いたします。

「もし私が権威の頂点に立って何かを書かねばならない地位におかれたとしたら、ただ一つの真実の説をはっきりとうちだし、その結果、それ以外の説をいっさいしりぞけてしまうような書き方をするよりも……、むしろ、だれであれその問題について何か真理をとらえた者が、私のことばのうちに自分のとらえた真理の反響を見いだすことができるような、そういう書き方をするほうをえらぶであろう」（『告白録』Ⅻ・三〇・四一―三一・四二）

アウグスティヌス『告白Ⅲ』山田晶訳、中公文庫、二〇一四年、一六六―一六八頁

聖書の言葉とは、きわめて深淵で、近づきがたい側面を持ちながら、その反対に、誰にでも近づきうるものであるとアウグスティヌスは述べています。そして、聖書を理解しようとするときには、それを通じて、お互いに敬意を払いながら、承認し合うような関係になっていくことが何よりも求められていると語っているのではないでしょうか。

ルターにとっての聖書

二〇一七年は宗教改革からちょうど五〇〇年にあたる年でした。聖書を読むことの重要性はキリスト教の歴史の中で再三強調されてきましたが、とくに重要なマルティン・ルターの活動について少し見てみることにしましょう。

ルターは一四八三年、ドイツのザクセン地方の小さな町アイスレーベンで生まれました。一五〇一年にエアフルト大学に入学し、最初は法学を目指しますが、父親の期待を裏切り、途中で神学を志すようになります。その後、司祭となり、やがて詩編、

ローマの信徒への手紙、ガラテヤの信徒への手紙などを講義するようになります。ルターの聖書に対する関心はこのように初期の段階から見られるものでしたが、彼をきっかけに始まった宗教改革のうねりの中でもその関心は継続し、一五五二年にはヴァルトブルク城に匿われながら、ギリシア語からの直接の訳として、不朽の名作とも言われるドイツ語訳新約聖書を完成させることになります。なお、ドイツ語訳聖書全体が完成するのは一五三四年のことでした。

　ルターの教えというと、「信仰のみ」「聖書（書物）のみ」などの言葉が浮かんできます。原語のラテン語では「ソラ・フィデ」「ソラ・スクリプトゥラ」と言います。当時のカトリック教会は信仰だけでなく、この世での功績、功徳なども重視していました。それに対して、ルターは何よりも信仰が重要と主張しました。それが「信仰のみ《ソラ・フィデ》」という言葉で示されています。同様に、カトリック教会が、聖書だけでなく、聖書を守り担ってきた教会の伝統やその伝統の中で生み出されてきた制度も大切であるとしてきたことに対して、何よりも聖書が重要であるというルターの主張が「聖書のみ《ソラ・スクリプトゥラ》」という言葉で示されています。

　「聖書のみ」という言葉には「聖書の教えにのみ従う」ということが含意されています。逆に言うと、聖書に記されていないことには従わない、従わなくてもよいということにもなります。じっさい、聖書に記されていないことがらをどう扱うかは大きな問題となり、いわゆる「アディアフォラ論争*」と呼ばれる論争になりました。ア

アディアフォラ論争
一五四八年から一五五二年にわたるメランヒトンとルター主義の厳格派（代表者はフラキウス・イリリクス）との論争。一七世紀後半にも同様の論争が敬虔主義者シュペーナーの追随者らおよびフランケと、正統主義ルター派の間で生じた。

ディアフォラとは、もともとギリシア語のディアフェローに由来する語で、「非本質なことがら」「大切でないことがら」「どちらでもよいことがら」「どうでもよいことがら」といったこと意味しています。つまり、キリスト教信仰にとって大切ではないこととは何かという議論でした。

議論の中で具体的に問題となったのは、聖書に明確に記されていないことがらについて、たとえば、聖人崇敬のほか、観劇やダンスなどの世俗的快楽をどう解釈して受け入れるかということでした。聖書はそれをするように命じているわけでも禁止しているわけでもありません。どちらでもよいものであれば、容認してもよいのではないか、いや、むしろ容認すべきではないのではないかという論争でした。

論争そのものはルターの死後に起こったとされていますが、ルターもこの問題に関心を持っていたであろうことは言うまでもありません。中世において図像は、そこで扱われる題材が崇められる対象であったために崇敬の対象として非常に重んじられてきました。しかし、それは聖書の記述そのものに由来するものではないため、アディアフォラとして禁じられる可能性もありました。しかし、ルターは図像をアディアフォラとしながら言葉の映像と理解できると見なし、その意義を認めようとしました。

旧約聖書の位置づけ

もう一度、旧約聖書について考えてみたいと思います。旧約聖書はユダヤ教やイスラム教でも聖なる書と考えられていますが、その扱いは必ずしも同じではありません。そもそも旧約聖書はユダヤ教の聖書ですので、ユダヤ教においては「旧《ふる》い」聖書とはされず、単に聖書です。最近では一般に旧約聖書を「ヘブライ語聖書」と呼ぶことが徐々に浸透しつつあります。

キリスト教の聖書が旧約聖書と新約聖書からなっていること自体が、キリスト教において聖書をどう読むかという問いへの一つの応答と考えられます。聖書の成立と聖典については本叢書Ⅱ巻『今さら聞けない⁉キリスト教——聖書・聖書朗読・説教編』で詳しく述べられていますので、ここでは触れませんが、日本聖公会には「ランベス四綱領*」と通称されている聖公会綱憲というものがありますので、紹介しましょう。これは日本聖公会における旧約聖書理解をよく示しています。

〈ランベス四綱領〉

日本聖公会は全世界の聖公会と共に、次の聖公会綱憲を遵奉する。

第一　旧約及び新約の聖書を受け、之を神の啓示にして救を得る要道を悉く載せたるものと信ずる

第二　ニケヤ信経及び使徒信経に示されたる信仰の道を公認する

日本聖公会が「ランベス四綱領」を受け入れた背景については、八代崇『新・カンタベリー物語』聖公会出版、一九八七年、一六一—二頁参照。

第三　主イエス・キリストの命じ給うた教理を説き、其の自ら立て給うた洗礼及び聖餐の二聖餐を行い、且つその訓誡を遵奉する
第四　使徒時代より継紹したる主教（エピスコポ）、司祭（プレスブテロ）、執事（デアコノ）の三職位を確守する

第一の「旧約及び新約の聖書を受け、之を神の啓示にして救を得る要道を悉く載せたるものと信ずる」において、聖書は旧約聖書と新約聖書からなるものとして、その両方が救いにとって重要であると理解していることが確認できます。キリスト教は「歴史上に存在したイエスをキリスト（救い主）と信ずる教え」と定義することができますが、その意味では「聖書をどのように読むか」というとき、イエスが救い主であることを聖書全体として指し示すような読み方が求められているのです。それは救い主イエスというひとつの中心へと向かうように、聖書を読むことが求められていると言ってもよいかもしれません。

出エジプト記二〇章には「十戒」が記されています。それは神の下に人びとがお互いに対する愛をもって共同生活を営むために与えられたものです。それとともに律法が与えられました。ローマ時代になり、イエスはそうした律法がもはや本来の役割を果たしていないのではないかと問いました。しかし、このことから律法をただちに無益なものと判断してよいのでしょうか。たとえば、マタイによる福音書五章一七節に

は「わたしが来たのは律法や預言者を廃止するためだと思ってはならない。廃止するためではなく、完成するためである」と述べたと記されています。旧約聖書に記されていることは、イエスが救い主であることを指し示す読み方をするときに、その完全な意味が理解されるとキリスト教では考えます。旧約聖書と新約聖書は切り離して読むべきものではなく、一つの全体として読むことが求められているのです。

現代における聖書解釈の意義

聖書には科学や現代的な価値観になじまない記述も見られますし、宗教書に相応しくない残酷さや、性差別を肯定するような表現が見られることも否めません。たしかに聖書は、相当昔に執筆されたものですし、過去の時代のある特定の歴史的、社会的、文化的制約の下で執筆されたものですから、現代のさまざまな批判から自由ではありえないことは認めなくてはならないでしょう。

ただ、今日の一般的な価値観と合わないと考えられるときに、すべての人が同じような態度をとるわけではありません。聖書を捨て去る人もいれば、聖書が正しくて、今日の価値観や科学が間違っていると見なす人もいるかもしれません。あるいは、言葉で表現されたことを通して、じつは別のことも示そうとしていると考えることもできるでしょう。

旧約聖書を聖典から除外しようとする動きについては、古代のマルキオンという神学者が同じような考えをもっていたことには触れました（四七―四八頁）。正典成立までの過程には、今日の新約聖書に含まれている書の中にも評価が定まらない作品もありました。

聖書のいわゆる現代的解釈というものが確固として存在しているわけではありません。ただ、聖書というけっしてわかりやすいとは言いがたい書物の中に、わたしたちにとって大切なことが書かれていることを信じながら、共に求めていくという姿勢が、今日、聖書を解釈しようとする際には求められているように思います。その際、現代との違いを知るために、聖書の書かれた時代や、読まれ解釈されてきた歴史を知ることは重要であると言えるでしょう。

8　自然災害をめぐって

近年、日本では自然災害が頻発しています。地震、洪水など自然災害において大きな被害が出ることを信仰との関係でどのように見たらよいのでしょうか。

一般に、キリスト教の神はこの世界に起こるさまざまな出来事に無関心な神ではなく、この世界にいろいろな形で働きかける神であるという理解がなされています。このような神のイメージは聖書全体に現われていると言えますが、今日において、神がイエスや預言者たちになされたと同じように現代の私たちに直接語りかけることはありません。神がどのように働きかけているのか、またそれをどのようにして知ったり感じたりできるのかについては明確に答えることはできません。もっと聖書を学んだらわかるようになるのかというと、そうでもないようです。わたしたちはじっさいに発生した大地震や津波、あるいは干ばつなどで失われる命の多さ、被害の甚大さに直面すると、人間の無力さを痛感するとともに、なぜ神はこのようなことが起こるのを許すのかという問いが湧いてきます。自然災害をめぐる問題については、アウグスティヌスの大著『神の国』を手がかりに「歴史の中に生きる」ということについて考えてみたいと思います。

アウグスティヌス『神の国』から

『神の国』という作品は『告白録』『三位一体論』と並ぶアウグスティヌスの代表作であり、晩年の主著の一つです。歴史哲学、宗教哲学の古典として後の西欧のあらゆる思想潮流に多大な影響を与えた作品でもあり、全二十二巻、岩波文庫でも五分冊になっています。『神の国』の執筆動機については、次のように記されています。

とかくするうちに、ローマはアラリック王の率いるゴート族の侵入と大きな災害の衝撃によって破壊されたが、このローマの破壊を、わたしたちがふつう異教徒とよぶ、多くの虚偽の神々の崇拝者たちは、キリスト教のせいにしようとして、いつもよりもはげしくきつく真実の神をののしりはじめた。そのためにわたしたちは、異教徒たちの瀆神や誤謬を反駁するために『神の国』の書を書こうと決心した。

（『再考録』II・六九）

アウグスティヌス『神の国』第一巻、服部英次郎訳、岩波文庫、一九八二年、九頁

ローマ帝国へのゲルマン民族の侵入は、ローマの人びとに大きな不安をもたらし、その原因を新しく広まったキリスト教のせいにしようとする思潮があったと書かれています。

ローマの惨状*については、四〇八年、ローマがゲルマン民族に包囲されたとき、アウグスティヌスはイタリアへ手紙を出し、さまざまな風説があるので、実情の詳しい報告を送るよう要請しています。*当時のローマは飢餓と悪疫で危機に瀕し、埋葬されていない死体は悪臭を放ち、人肉を食する者もあるほど悲惨な状態でしたが、アウグスティヌスは悲しい情報でも、人びとが苦しみ、泣いているのならば、共に苦しみ、泣くために正確に伝えてほしいと頼んでいます。ここには、安定したものが崩れていくことへの恐怖が表現されていると言ってよいでしょう。

『神の国』全二二巻の構成はおよそ次の通りです。

　地上の幸福のために神々を礼拝する者たちについて（一～五巻）
　永遠の幸福のために神々を礼拝する者たちについて（六～一〇巻）
　二つの国、一つは神の国、もう一つは地の国、その起源について（一一～一四巻）
　二つの国の展開してきた道筋（一五～一八巻）
　二つの国の最終的な到着点（一九～二二巻）

「神の国」と「地の国」については次のように言われています。

　このようにして、二種の愛が二つの国をつくったのであった。すなわち、この

ローマの惨状についての記述は、宮谷宣史『人類の知的遺産15　アウグスティヌス』（講談社、一九八一年）二二一－二二三頁参照

イタリアに出した手紙については「書簡第九九」（『アウグスティヌス著作集』別巻I、金子晴勇訳、教文館、二〇一三年、二五九－二六〇頁）参照

世の国をつくったのは神を侮るまでになった自己愛であり、天の国をつくったのは自己を侮るまでになった神の愛である。一言でいえば、前者は自己自身において誇り、後者は主において誇るのである。

（『神の国』XIV・二八）

アウグスティヌス『神の国』第三巻、服部英次郎訳、岩波文庫、一九八三年、三六二頁

アウグスティヌスはまず、二つの国の起源に遡り、次いでそれがどのように展開していくかを考察していくのですが、それは純然と分けられるものではなく、歴史の中では神への愛と自己への愛は混合したものと捉えられており、じつは教会においても二つの愛は混合していると主張されているのです。教会は神の国を目指すものでありますが、その教会に二つの愛が混ざり合っているという主張は、じつにアウグスティヌス的な見解だとわたしは感じています。

どの辺りが「アウグスティヌス的」であるのか、一つの例として、ここで、アウグスティヌスがその生涯のあいだに巻き込まれた論争のうち、ドナトゥス派との論争とペラギウス主義者との論争を取り上げたいと思います。

ドナトゥス派は「キリスト教がローマ帝国の中で多数派を形成し、世俗化する中で、教会の純粋性の保持を強調し、汚れた人間の行う典礼の無効性を主張した四世紀北アフリカの厳格派」＊であり、「司る人間にかかわらず教会と典礼の客観的聖性を主張したカトリック教会と鋭く対立」しました。他方のペラギウス主義者とは、「人間には罪無しで有りうる「可能性」が神によって与えられており、これが神の恩恵であ

ドナトゥス派
『岩波キリスト教辞典』八一五頁（項目執筆・片柳栄一）。

ると主張し……根源的罪による現実の人間の無能力とそれを癒す現実的恩恵を強調するアウグスティヌスと鋭く対立*」しました。

注目すべきは、アウグスティヌスはそれぞれの論争に二〇年以上も費やしているということです。何が彼をそこまで駆り立てたのでしょうか。端的に言えば、ドナトゥス派は教会を神からの働きかけを独占する聖なる共同体と考える傾向がありました。ペラギウス主義者の主張も、結局のところ人間の可能性を高く評価するあまり、神からの働きかけを反故にしてしまうという危険性を有していました。

それに対して、アウグスティヌスは、まさしく、歴史のただ中に生きた人物でした。彼にしてみれば、ドナトゥス派もペラギウス主義者も、歴史から超然とした生き方であり、歴史の中に働く神の力を矮小化していました。彼らの姿はまさに「歴史の中に生きていない」と映ったのではないかと思います。「歴史の中に生きる」とは、まさに神への愛、すなわち神を愛することと、自己への愛、すなわち自分を愛すること、この二つの愛の葛藤の中で生きるということであり、その混ざり合いを深く自覚する場で生きることなのです。

その背景には、アウグスティヌスが豊富な司牧経験の中で、ともすると教会（共同体）がこの世から超えた特権的な地位に甘んじてしまう危険性を感じていたことがあるのかもしれません。教会やそこに属する人びとは自分自身のなかに矛盾しあうものがあることを人一倍自覚し、それを冷静に吟味することが求められていたのではない

ペラギウス主義
『岩波キリスト教辞典』一〇一五頁（項目執筆・片柳栄一）。

かと思われるのです。

アウグスティヌスは「回心」以前、自己への執着から神に身を委ねられなかったことを『告白録』に克明に描き出しています。「まだもう少し……」という「時」が支配している間は、彼の中では本当の意味で神と共に生きる「今こそ」という「時」が始まらなかったのです。その経験があるからこそ、神への愛と自己への愛が一人の人間において、また教会共同体において、容易に混ざり合い、同居しうることを痛感していたのかもしれません。

自己への愛というものを、自らのあり方をひたすら肯定的に捉えることと理解するならば、現代文明そのものが自己への愛で満ち溢れていると言ってもよいでしょう。自己肥大、すなわち、とどまることのない欲求こそは現代文明を支える大きな特徴です。そして、このような要素はわたしたち一人一人のうちにも、また、神への愛を求める教会共同体のうちにも、少なからず入り込んでいるように思われます。

教会共同体は総じて、自らのうちに神への愛と自己への愛、この二つの愛のさまざまな葛藤やさまざまな混合があることを冷静に見つめていく必要があります。そして、自らのあり方だけを限りなく肯定する生き方とは別のあり方を模索しようとするならば、そのひとつの可能性として、自己とは異なるものを求めるという意味で、他者を希求する働きをないがしろにすることはできないでしょう。

神と共に、また、人びとと共に歩もうとする営みこそ、まさしく「歴史の中に生きる」教会共同体としての大切な課題であり続けるのではないでしょうか。理不尽ともいえる自然災害を前に、語る言葉もなく、ただ茫然と立ち尽くす中で、それでも、その出来事のなかに生きる教会共同体は、神と共に、そして人びとと共に歩んでいく営みを続けていくことが求められていることを強く感じるのです。

9　差別と平和をめぐる問題

「キリスト教は平和を求める宗教であるはずなのに……」「キリスト教は差別を許さない宗教であるはずなのに……」という問いはよく聞かれます。ここで「キリスト教とは何だろうか」と問わなければならないのではないでしょうか。わたしたちがキリスト教と言うとき、それは何を意味しているのでしょうか。もちろんいろいろな角度からのアプローチが可能でしょうが、「キリスト教はイエスをキリスト（救い主）である」と信ずる宗教ですので、ここではイエス自身の教えや活動に焦点をあててみたいと思います。

差別と平和はそれぞれ広い裾野をもつ問題を形成していますが、差別と平和は互いに密接に関連している事柄でもあります。エフェソの信徒への手紙の「キリストにおいて一つとなる」は差別と平和の問題を検討していく上で共通の出発点となっていると言えます。

実に、キリストはわたしたちの平和であります。二つのものを一つにし、御自分の肉において敵意という隔ての壁を取り壊し、規則と戒律ずくめの律法を廃棄されました。こうしてキリストは、双方を御自分において一人の新しい人に造り上げて平和を実現し、十字架を通して、両者を一つの体として神と和解させ、十字架によって敵意を滅ぼされました。（二・一四―一六）

ここに示されているように、キリストにおいて実現される平和はまさに差別のない状態ということなのです。

差別をめぐって

キリスト教は差別についてどのような立場をとってきたでしょうか。聖書には「エバ（女性）はアダム（男性）の肋骨から造られた」（創二・二二）とあり、「婦人たちは従う者でありなさい」（Ⅰコリ一四・三三―三五）というパウロの言葉を見れば、そこから男女平等の思想を読み取ることは難しいでしょう。こうしたことから、キリスト教は歴史的に見て男尊女卑の宗教と言うことになるのでしょうか。

アダムとエバの物語は、その背景に創造の秩序のような思想があり、古代オリエントに由来するものとも言われています。パウロの言葉についても、ある特定の文脈の中で語られたものであり、パウロには、男女の平等を示す別の言葉もあることから（ガラ三・二八）、男尊女卑とまで解釈する必要はないとする見方も可能かもしれません。しかし、やはり男女平等の見地からは批判を免れないでしょう。キリスト教は歴史的に男尊女卑なのかという問いには、それを支持する見方も反対する見方もあることを知っておく必要があるでしょう。その上で、わたしたちは聖書が書かれた時代、パウロの生きた時代の社会の限界を知り、そうした社会のあり方へ一石を投じたイエスの言葉にこそ目を向けたいと思うのです。

また、黒人差別をはじめとする人種差別とキリスト教の関係についても同様のことが言えるでしょう。キリスト教は黒人差別、ユダヤ人差別などの人種差別に大きく関わったと言われています。キリスト教は歴史的に見て人種差別を推進してきたということなのでしょうか。しかし、アメリカの公民権運動において黒人差別撤廃のために戦ったM・L・キング*牧師のような人がいたことも知っておく必要があるのではないでしょうか。

病*についての旧約聖書と新約聖書の見方は相当異なっています。出エジプト記一五章二六節には「もしあなたが、あなたの神、主の声に必ず聞き従い、命令に耳を傾け、すべての掟を守るならば、わたしがエジプト人にくだした病をあなたにはくださない」とあり、ヨブ記四章七節には「考えてみなさい。罪のない人が滅ぼされ，正しい人が絶たれたことがあるかどうか」という言葉が見出されます。「病」はそれ自体が罰として、拭い去ることのできないものとして、運命的なものとして捉えられています。旧約聖書では、病は（身体的な障がいなどを含め）何か人間に原因があって神か

M・L・キング　（一九二九―一九六八）アメリカ・バプテスト教会牧師。一九五四年大規模なバス・ボイコット運動を指導、ガンディーに倣う非暴力抵抗主義を貫き、人種隔離や差別撤廃を目指し、公民権運動を推進。六八年メンフィスで暗殺。

聖書における「病」については、村上伸『いのちへの道』（新教出版社、一九八四年）三六―三八頁参照。

ら下されるものとされていると言えるでしょう。

それに対して新約聖書には、イエスが病人に直接手で触れていく姿が描かれ（マタ八・一―四など）、ヨハネによる福音書九章一―三節では、生まれながらに目が見えない理由を「神の栄光が現われるため」と表現しています。イエスにおいては、「病」そのものが、そこに神の栄光が現われうる場として捉えられているのです。変えることのできない過去という捉え方から、変わりうる将来という捉え方への大きな変化、ここにイエスの教えや活動のきわめて重要な点が示されているように思います。

平和をめぐって

平和を説くキリスト教がどうして戦争を引き起こすのでしょうか。もちろん、キリスト教徒が平和を標榜しながら、戦争を引き起こすことは歴史の上でくり返されてきたことです。イエスの教えであるところのキリスト教が戦争を引き起こすわけではないと考えることが大切です。

キリスト教の礼拝やミサでは「万軍の主」という言葉で神のことを称えます。平和を愛するキリスト教に「軍」はふさわしくないのではないかという疑問は生じます。この語は「アドナイ・ツェヴァオート」というヘブライ語の訳です。「アドナイ」が「主」で、「ツェヴァオート」は「軍勢」「軍団」を意味する名詞で、「戦いに出る」「戦いを挑む」という意味を持っており、「万軍」と訳されてきました。戦いにおいて勝利をもたらす神――それが万軍の主です。「イザヤ書」においてもっとも多く使用されていますが、ダビデがゴリアテと戦ったときにも、その言葉は使われます。

わたしは、おまえが挑戦したイスラエルの戦列の神、万軍の主の名によって、おまえに立ち向かう。（サム上一七・四五）

旧約聖書において頻繁に用いられる表現ですが、平和を愛するキリスト教がそれを受け継いでいるのは奇異な印象を与えることかもしれません。ここで平和という語について少し考えてみましょう。平和はヘブライ語では「シャローム」、ギリシア語では「エイレーネー」、ラテン語では「パクス」と言います。「シャローム」とは、ただの無事平穏ではなく、健康、長寿、繁栄、ときには勝利さえも意味するものであり、相互関係の調和を意味しているようです。「エイレーネー」は戦闘のない状態、和平条約などと関係する語です。ラテン語の「パクス」は「契約を結ぶ」「協定する」「折り合いがつく」などを意味する「パキシ」に由来します。いずれも、戦いと無縁な語というわけではないのです。

キリスト教は平和を愛する宗教であるはずなのに、どうしてキリスト教徒の関わる戦争が繰り返されてきたのでしょうか。「キリスト教徒」と「キリスト教」を区別して考える必要があります。キリスト教徒がつねにキリスト教の精神を遵守しているとは限らないでしょう。ただ、歴史のさまざまな場面において、ときとして、この両者の区別を明確にすることが難しいこともあります。第Ⅰ部で触れた十字軍の出来事も、それをキリスト教と無関係な現象とみなすには、あまりにもキリスト教精神と深く絡み合っていたことも否定できないと言えます。

このようにキリスト教徒はイエスの教えを十分に理解できず、理解したとしても完全に実践することができないために、何度も戦争をしてしまうのだという答えも可能でしょう。しかし、問題は理想としていることとは真逆のことがなぜ起こってしまうのか、あるいは、理想としていることをなぜ強く望み続けることができないのかということです。キリスト教においては、この問いについて、原罪、罪、罰といった言葉で説明を試みてきました。もちろん、そのことを無視するわけではありませんが、ここでは少し違う角度から考えてみたいと思います。

言葉は歴史上の文脈の中で語られたものです。時代的、文化的背景の中で言葉は語られ、語る対象（宛先）も特定のものです。そういう意味で、言葉は時間的、歴史的に制約されています。それにもかかわらず、言葉は相手の心（あるいは、自分の心）に深く突き刺さり、その人の中にあまねく浸透してしまうような形で、その効き目を発揮するようなところがあります。すると、言葉はもともと限定された特定の状況の中で発せられたものであるにもかかわらず、次第にその人の中で揺らぐことのない不変の力となっていくことがあります。言葉がもつこのような性質は、聖書の言葉も免れないところがあるのではないでしょうか。そして、それが聖なる言葉というお墨付きを得たとき、その人の中で確固たるものとなり、次第に神の側に寄せた信念となっていくのではないでしょうか。

聖書の言葉に支えられながら、戦争を起こしてしまうことの背景にこのようなことが生じていないか、深く省みる必要があるでしょう。「キリストにおいて一つとなる」という箇所で言われた「キリストの平和」をもう一度想い起こす必要があるのかもしれません。

10　救済をめぐる問題

ここでは、主として、キリスト教における救い・救済をめぐる問題を中心に考えていきたいと思います。救い・救済をめぐっては「キリスト教における救いの定義とは何か」「救いの定義に歴史的変遷はあるのか」「救われるために必要なことは何か」「神を信じるとはどういうことなのか」など、多くの質問が寄せられました。また、「洗礼」「聖餐」「免罪符」など、信仰にまつわる語に関する質問も見られました。

キリスト教における救い

「救い」はキリスト教に限らず、ほとんどすべての宗教にとって中心テーマとされていますが、とくにキリスト教においては、その信仰と宣教の中心に位置づけられていると言ってよいでしょう。救いが神のみによって与えられるという信仰は、旧約聖書において明示されました。キリスト教においては、イエス・キリストの登場によって、その救いが決定的なものとなり、ユダヤ民族に対してのみならず、全人類に対して与えられると言われるようになりました。*

*『新カトリック大事典Ⅲ』研究社、二〇〇二年、五〇二頁。

ちなみに、イエスという名前はギリシア語で「イエスス」、ラテン語で「イエスース」ですが、旧約聖書のヘブライ語で「ヨシュア」「イェホシュア」と発音される名が基になっており、「ヤハウェ（主なる神）は救いである」という意味をもっています。

そのイエスがキリストであるというのがキリスト教の信仰です。キリストはギリシャ語のクリストスが変化したものですが、元のヘブライ語では「マーシーアッハ」と言います。これは「メシア」の語源で、「油を注がれた者」という意味ですが、神に選ばれた指導者がその任命にあたって油を注ぎかけられるという儀式に由来します。これがキリスト教信仰の出発点です。このような信仰に基づいて、キリスト教の歴史は展開されていきます。

ところで、「救い」「救う」を意味するヘブライ語の「イェーシュア」「ヤーシュア」は「助ける」「解き放つ」「切り離す」「離れさせる」「治す」などの意味をもっています。これがギリシア語で「助ける」「解き放つ」という類似した意味をもつ「ソーテリア」「ソーゾー」となります。さらに、ラテン語の「サルス」「サルヴォー」もほぼ同様の意味と言ってよいと思います。

キリスト教の歴史においても比較的初期の段階から、イエス・キリストがどのような存在であるかということは議論されてきました。それは神学的には「キリスト論」と呼ばれてきました。その長い議論の歴史の中で、五世紀のカルケドン公会議*にお

*カルケドン公会議　本書五六頁参照。

いて「キリストは神にして人である」と表明されました。それを当時の人びと〔知識人〕に納得してもらうために表明された文言は次のようなものでした。

わたしたちは、聖なる教父たちにしたがって、わたしたちの主イエス・キリスト、唯一の同一なる御子を信じます。そしてこの同一なるお方は、神であることにおいて完全であり、人間であることにおいて完全であり、真に神であり真に人であり、またこの同一なるお方は人間の理性的な魂と体から成っており、神であることとでは御父と同じ本質、人間であることとではこの同一なるお方はわたしたちと同じ本質であり、罪を除いてはすべての点でわたしたちと同様であるということを教えることでわたしたちは皆一致しております。また、神であることでは世の先に父から生まれ、人間であることとではこの同一なるお方は終わりの時に、わたしたちのために、また、わたしたちの救いのために、神の母であるおとめマリアから生まれました。この唯一の同一なるキリスト、御子、主、独り子は、二つの〔本〕性において、混合することなく、変化することなく、分割することなく、分離することのないお方として認められます。また、両〔本〕性の区別は結合によって決して取り除かれることなく、かえって各々の〔本〕性の特質は保たれ、一つの位格、一つの実体に合一し、二つの位格に分裂されることも分割されることもなく、唯一の同一なる御子、独り子なる神、ロゴス、主イエス・キリストです。これはまさに、以前から預言者たちが、また、主イエス・キリストご自身が、御子についてわたしたちに教えたものであり、また、教父たちの信条がわたしたちに伝えたとおりであります。

菊地榮三・菊地伸二『キリスト教史』教文館、二〇〇五年、一五六頁。

はなはだわかりにくいものです。当時の人びとは本当にこれで納得したのでしょうか。重要なことは、キリストが真の神でなければ、人間を救うことはできないし、また真の人間でなければ、わたしたち人間にとって救いとはならないということでした。

キリスト教の救いにおいてイエス・キリストが中心から外れることはありませんでしたし、救う側の存在が揺らぐことはありませんでした。もしそれが揺らぐとすれば、その考えは、キリスト教とは異なる考えを表明していると言ってもよいかもしれません。

ただし、救われる側から見た場合、そこにはいろいろと考える余地が残されているでしょう。たとえば、救われるということはどういうことなのでしょうか。それはどのような形で実現するのでしょうか。また、いつ実現するのでしょうか。救いのために必要なことはどのようなことなのでしょうか。こうしたことを考察する必要があるように思います。

救われるために必要なことは何でしょうか。日本聖公会の『祈祷書』に収められている「教会問答＊」の一四番目の問答に次のように書かれています。

14問　救いに必要な聖奠《せいてん》（サクラメント）とは何ですか

答　目に見えない霊の恵みの、目に見えるしるしまた保証であり、その恵みを受ける方法として定められています

さらに、一五番目には次のように記されています。

15問　キリストがすべての人の救いのために福音のうちに自ら定められた聖奠は何ですか

答　洗礼と聖餐です

この後、一六番から二〇番が洗礼に関する問答、二一番から二五番が聖餐に関する問答となっていて、全部で三二項目からなる問答のうち一二項目が、キリストが自ら定めた二つの聖奠である洗礼と聖餐に関する問答に集中していることからも、救いに必要なこととして重視されているのがわかります。

ところで、この聖奠（サクラメント）についての見解は教派によって違いがあります＊。聖公会を含め、宗教改革時に誕生した教派はキリストが定めたことに由来するの

教会問答／カテキズム
聖公会は祈祷書に「救いにかかわる神のみ業とみ言葉の要点を掲げたもの」として、「洗礼・堅信を志願する者や信徒がよく身に付け、人びとに伝え証しすることが大切」として問答集が収録されている。カトリックおよびプロテスタントでは、キリスト教の信仰を理論的・体系的に伝授するための書物「カテキズム」（教理提要、教理問答）が入門教育に用いられる。

サクラメント
隠れた神秘を示す感覚的しるし、および典礼的・祭儀的しるし。その訳語は教派ごとに異なる。カトリック「秘跡」、プロテスタント「聖礼典」、正教会「機密」。

かどうかにこだわり、洗礼と聖餐をとくに重視する傾向があります。ルターは当初、洗礼、聖餐、告解をサクラメントとしていたようですが、最終的に告解は除外しました。カトリック教会は一六世紀のトリエント公会議において、洗礼、堅信、聖体（聖餐）、告解（悔悛）、終油、叙階、婚姻の七つをサクラメント（秘跡）としています。

実は聖公会の教会問答二六番には次のように記されています。

26問　キリストが定められた洗礼、聖餐とともに、聖霊の導きにより、教会のうちに行われてきた聖奠的な諸式は何ですか

答　堅信、聖職按手、聖婚、個人懺悔、病人の按手および塗油の諸式です

この問答からは、聖公会がカトリックとプロテスタントの両方の要素をもっていることがわかります。今日的にみて、聖奠の諸式には、とても重要な意味があるように思います。

救いに必要なことの規定は、教派によってその数に違いはあるものの、どの教派も段階的に救いへと導いていくということでは共通していると理解できるのではないでしょうか。ちなみに、カトリック教会では、洗礼、堅信、聖体は入信に関するサクラメント、告解（罪の告白とゆるし）と終油（病者の塗油）はいやしに関するサクラメント、叙階と婚姻は交わりと使命を育てるサクラメントと分類されていますが、信仰生

活のうちに、そのようなサクラメントとの出会いがあり、その全体を根底から支えているのが、神を信ずるというあり方と言ってもよいように思います。

もっとも、神を信ずるというあり方については、目に見える側面と目に見えない側面があることはどうしても否定できず、ルターはこのことをめぐって、救いのために必要なのは神を信ずる信仰であり、それ以外のものではないと主張をしました。これが先に述べた「信仰のみ《ソラ・フィデ》」です。ルターの時代、カトリック教会がサンピエトロ大聖堂を改築するために贖宥状（免罪符）を発行し、それを買うことで救われるということが広まっていました。こうした時代背景の中でルターは活動を始めたのです。

救いの定義

キリスト教における救いの定義とはどのようなものでしょうか。ここではキリスト教において救いをどのように実現していくか、完成していくかということに関係づけて考えていくことにします。

キリスト教とその源であるユダヤ教においては、この世界の歴史を一回的なこととして捉える傾向が非常に強いと言えます。この世界には始まりがあり、やがて終わりがやってくる。当たり前のことのように思うかもしれませんが、たとえばユダヤ教やキリスト教が出現した当時のギリシアには、ギリシア的世界観というものがあり、時間は直線的なものではなく、円環的なものと捉えられていました。仏教の輪廻なども時間を円環的に捉えるものですが、キリスト教はそのような考えには与《くみ》しません。救いの実現・完成には、どうしてもこの世界の終わりが関係してくるのです。聖書で言えば、ヨハネの黙示録二〇—二一章、コリントの信徒への手紙一の一五章に世界の終わり、終末のときのことが記されています。

終末のときがいつやってくるかは示されていませんが、逝去して、いわば眠りについた人びとがそのときには起こされると言われています。人びとが眠りから起こされるとき、再び身体を有することになるとも言われます。その身体はわたしたちが、今のこの世界でもっているような身体とはまったく違うとも言われています。「霊の体」という表現も用いられています。

また、終末には人間がそれぞれ生前に行ったことに基づいて裁きを受けるとも言われています。これがいわゆる「最後の審判」です。その裁きの結果、永遠の命に与《あずか》る者と永劫の火に投げ込まれる者が分けられるとされています。そして永遠の命に与る者たちは神と共にいて、もはや涙を流すことのない世界がやってくるとも示唆されており、終末には神と向きあって見るときがくるとも言われています（Ⅰコリ一三）。こうした言表は聖書の中にまとまって記されているわけではありませんが、全体を通してそのような主張がなされていると言えるでしょう。

救いの捉え方の歴史的変遷

救いの捉え方に関する歴史的な変遷について少しだけ触れておくならば、聖書が描く永遠の命と永劫の火に二極化するという終末のイメージはあまりにも極端なのではないか、神は一切が救われることを望んでいるのではないかというような考え方から、天国と地獄に加えて、煉獄という中間的な場所がカトリックの伝統の中で想定されることがあります。

ラテン語で purgatorium といいますが、「浄化されるところ」というほどの意味でしょうか。死んだ後、魂がそこで浄化される場所とされ、そこで浄化された魂は天国に入ることができるとするものです。「信じて洗礼を受ける者は救われるが、信じない者は滅びの宣告を受ける」（マコ一六・一六）や「はっきり言っておく。だれでも水と霊とによって生まれなければ、神の国に入ることはできない」（ヨハ三・五）に示されるイエスによる救いに至る道への信仰がこのような思想が生まれてくる背景にありました。それは洗礼を受けることによって得られるという教えです。その一方で、テモテへの手紙一の二章四節「神はすべての人びとが救われて真理を知るようになることを望んでおられます」に示されるように、神には普遍的な救いの意志があるという教えもあります。このように「救い」についての教えは一様ではなく、それがキリスト教の歴史のさまざまな場面で影響を与えてきたと考えられるのです。

救いに関しては難しい問いも寄せられました。「幼い子どもを何人も殺し、死刑判

『新カトリック大事典Ⅲ』五〇七頁。

決を受けた殺人犯が、教誨師（キリスト教の牧師）に出会い、自分の罪を悔い改め、洗礼を受け、洗礼後、死刑が執行されました。この殺人犯は救われるか」という問いです。さらに、「殺された子どもたちは洗礼を受けていませんでしたが、この子どもたちは救われるのでしょうか」とありました。

この問いは「洗礼を受けることによって救われる」ということをどのように受けとめるかという問題を突き詰めたものといえるでしょう。洗礼こそが救いの唯一絶対の手立てと捉える立場に立てば、心情的には納得しにくいことですが、殺人犯だけが救われ、殺された子どもたちは救われないという見解が導かれないわけではありません。そして、心情的に納得できないからと言って、そのようなことは認めないとするのも難しいかもしれません。

ただ、こうしたことに直面したときに忘れてはならない視点は、洗礼を受けた死刑囚に最終的に何が起こったかについては、少なくとも本当のところ知りえない部分を含んでいるということです。また、殺された子どもたちが洗礼を受けていなかったからといって、神がその子どもたちをどのように受けとめていたかについても、やはり知りえないことがあるのです。ただ、私としては、イエスの子ども理解を踏まえるならば、神の国に入っていると言えるのではないかと考えたくなります。

ともあれ、こうしたことに対しては即断せず、十分慎重である必要があるでしょう。サクラメントは目に見えないものの見えるしるしと言われております。人はそのように信ずることが許されているだけで、神がどのように働いているかについてはそれほど明らかにはなっていないことも見落としてはなりません。ましてや、神が目に見えない形で特定の人に働きかけていることについては、なおさら明らかになっていないことを知っておく必要があるのではないでしょうか。

歴史における救済

救いについては、歴史における救済、いわゆる「救済史」の問題というものがあります。これについて少し言及しておきたいと思います。

キリスト教は歴史的宗教であると言われています。聖書の教えだけでなく、聖書の教えが受け入れられ、伝えられてきた場や制度もまた重要という意味で、歴史的とも言われるのですが、より根本的には歴史的な時間において生起するさまざまな出来事に神が関わり続けているという意味で歴史的なのです。神の救いが歴史において展開していく、完成に近づいていくという捉え方と理解できるかもしれません。

これまでたびたび引用してきたアウグスティヌスは、この救済の歴史について、創造の六日と対応させるような仕方で次のように述べています。

わたしたちは神の中に休息するに先立って、諸時代はこのように経過しなければならなかったからこそ、この六日という日々は理由なしに秩序づけられたのではない。

（『詩編注解』九二・一／私訳）

「諸時代」のそれぞれはちょうど人間の成長にあわせて、第一の時代は幼年期、第二の時代は少年期、第三の時代の思春期、第四の時代は青年期、第五の時代は壮年期、第六の時代は老年期と区分されています。これは単に月日が経つことで年を老いていくという風には理解されていないようです。むしろ、一人の人間が年を重ねるごとに内的にも成長していくように、歴史には何か内側から熟していくものが働いているようです。つまり、歴史は神の計画が段階的に実現していくものとして捉えられているのです。それでは具体的にはどのように実現していくのでしょうか。

まず、最初の人間アダム（およびエバ）が神との約束を破り、堕罪することによってひとつの方向を与えられることになります。人間は時間の経過の中で神によってその罪から贖われる必要があり、それが先の時代区分ごとに段階的に生じてくるのです。アウグスティヌスはアダムと「第二のアダム」であるキリストの関係において、このことを捉えようとします。つまり、第一のアダムの中に人類全体がすでに萌芽として含まれていたように、第二のアダムたるキリストの中に新しい人類の全体、すなわち選ばれた人たちすべての統一が、すでに萌芽として含まれているのです。こうして人類は肉によれば第一のアダムから発し、霊によればキリストにより新たに出発することになります。

歴史は六つの時代に区分されていますが、キリスト教の救済の歩みにとってキリストの生誕が決定的な重要性を持っていることは言うまでもありません。その時（カイロス）に向かって、それに先立つ時代の歴史は秩序づけられていきます。

歴史は起源、経過、終極という段階を持っていますが、その方向性を決定づけるのがキリストであり、キリストによる方向性に秩序づけられながら歴史はひとつの目的に向かって展開していると理解されます。

アウグスティヌスによれば、「今」という時は歴史において第六の時代に属しています。キリストは「すでに」この世界に到来していますが、永遠の安息は「いまだ」到来していない、いわば「あいだ」の時代が「今」ということになります。

アウグスティヌスが活躍した時代でさえ、キリストの生誕からすでに四〇〇年以上の時間が経過しており、第六の時代に入ってからすでにかなりの時が経っていたわけですが、生誕から二〇〇〇年を経過している現代はあまりにも長くの時が経過していると言えるでしょう。しかし、アウグスティヌスによれば、それでも「すでに」到来した時と「いまだ」到来していない時との「あいだ」としての「今」なのであり、第六の時代はそれまでの時代のように世代や数によって算定されるものではないとされています。

もちろん、このような救済史という捉え方に対して、神は歴史に介入しないという捉え方も可能でしょう。じじつ、神は創造の最初の瞬間に働きかけただけで、それ以降は、この世界の原理に即してすべてが動いているという見方は、とくに近世以降の哲学において見られるようになります。総じて近世以降の哲学は、少しずつ神をこの世界という舞台から遠ざけ、理性を有する人間が舞台の主役であるかのように振る舞ってきたとも言えるかもしれません。

キリスト教の将来

この先、教会、あるいはキリスト教はどうなっていくのでしょうか。多くの方の関心事であるこの問いには、時間をかけても答えられるものではありません。教会の高齢化という問題はおそらくどの教会でも抱えている問題でしょう。その背景にはもちろん、相対的に若者が教会に来なくなっているということが挙げられます。では、どうしたら教会員を増やすことができるでしょうか。街での伝道や訪問伝道も必要なのかもしれません。信徒の数が多ければよいというものではないかもしれませんが、数がたくさんいることで励まされることも否定できません。教会に本当に魅力があれば、人が集まるはずだと言う人もいるかもしれません。しかし、人が集まっていないから魅力がないと判断することもできないでしょう。

教会はギリシア語の「エクレシア」を起源とする言葉で、「イエスをキリストとして信ずる人びとが集められるところ」という意味です。何か華やかなイベントで人が集まるというのとは違います。信ずる人びとが集まるところなのです。神を信ずることも人を信ずることも、およそ信ずるということには非常に時間がかかるものです。つまり、教会が成長していくためには、時間がかかるということを覚悟しなくてはならないのです。現代という社会は情報が溢れていて、それに翻弄されることもあるでしょう。そうした中、教会がその本質的な部分である「信ずる」ということを大切にしようとすれば、なかなか目に見える効果は表れにくいということも覚悟しなくてはならないでしょう。

街での伝道や訪問伝道についても、うまくいかないことの方が多いかもしれません。野外説教や路傍伝道が目に見える成果を上げた明治・大正・昭和の時代と違い、現代は、人と直接向き合って応答し合うという文化形態から少しずつ離れ、それを苦手にしている人も多くなってきているようにも思います。そうした人たちへ向けてインターネットを利用した情報発信を教会でも始めるようになりました。

ともあれ、自分のスタイルで、自らが呼びかけられる方法で関わっていくことが大切なのではないかと思います。自分が呼びかけられて集まるようになったのであれば、そのような人が他にもいるはずだという視点で、新しいスタイルを築いていくことが存外大切なことなのではないかと思います。

将来の教会に関する質問にこれで十分に答えられたとは思っていませんが、最後に確認しておきたいのは、教会の魅力とはイエスが放つ魅力であるということです。果たしてわたしたちはそれを本当に感じているのでしょうか。自分の中でそれは輝き続けているでしょうか。それをすばらしいと思いながら、自分の生き方によってその輝きをくもらせたりはしていないでしょうか。立ち止まって、このようなことを考えてみることは無駄ではないと思います。

教会は将来どうなるのでしょうか。生きてみないとわかりませんと答えたいところですが、「信ずる」というあり方を礎に、それを大切にしている共同体を次の世代に伝えていきたいと思っております。これが今のわたしにレスポンスできることであり、まさしく将来に対して有している責務（レスポンシビリィティ）であると考えています。

参考文献

（主要な参考文献のみ。外国語文献は邦訳のあるものに限定した）

事典・辞典・聖書

『キリスト教大事典』（改訂新版）教文館、一九六八年

『キリスト教神学事典』A・リチャードソン／J・ボウデン編、教文館、一九九五年

『新カトリック大事典』（全4巻＋別巻）研究社、一九九六－二〇一〇年

『岩波キリスト教辞典』岩波書店、二〇〇二年

『オックスフォード キリスト教辞典』E・A・リヴィングストン編、木寺廉太訳、教文館、二〇一七年

『聖書』（新共同訳・旧約聖書続編つき）日本聖書協会、一九八七年

通史

K・ホイシ『教会史概説』荒井献・加賀美久夫訳、新教出版社、一九六六年

半田元夫・今野国雄『キリスト教史』（全2巻）山川出版社、一九七七年

L・J・ロジェ／M・D・ノウルズ監修『キリスト教史』（全11巻）上智大学中世思想研究所編訳、講談社、一九八〇－八二年

W・ウォーカー『キリスト教史』（全4巻）竹内寛監修、菊地榮三・中澤宣夫・速水敏彦・柳原光・塚田理・八代崇・野呂芳男訳、ヨルダン社、一九八三－八七年

菊地榮三・菊地伸二『キリスト教史』教文館、二〇〇五年

鈴木範久・月本昭男・佐藤研・菊地伸二・西原廉太『知の礎――原典で読むキリスト教』聖公会出版、二〇〇六年
鈴木範久『日本キリスト教史――年表で読む』教文館、二〇一七年

古代・中世キリスト教（テーマ別）

N・ブロックス『古代教会史』関川泰寛訳、教文館、一九九九年
『アウグスティヌス著作集』（全30巻＋別巻2巻）赤木善光・泉治典・金子晴勇・茂泉昭男編、教文館、一九七九年―（刊行中）
アウグスティヌス『告白』（全3巻）山田晶訳、中公文庫、二〇一四年
ベーダ『英国民教会史』高橋博訳、講談社学術文庫、二〇〇八年
G・タート『十字軍――ヨーロッパとイスラム・対立の原点』池上俊一監修、南條郁子・松田迪子訳、創元社、一九九三年
L・ハーゲマン『キリスト教とイスラーム――対話への歩み』八巻和彦・矢内義顕訳、知泉書館、二〇〇三年
トマス・アクィナス『神学大全』山田晶訳、中央公論社、一九七五年
トマス・アクィナス『神学大全』高田三郎他訳、創文社、一九六〇―二〇一二年
馬杉宗夫『大聖堂のコスモロジー』講談社、一九九二年
酒井健『ゴシックとは何か　大聖堂の精神史』筑摩書房、二〇〇六年
森安達也『キリスト教史3　東方キリスト教』山川出版社、一九七八年

宗教改革・近現代キリスト教

八代崇『新・カンタベリー物語アングリカン・コミュニオン小史』聖公会出版、一九八七年

塚田理『イングランドの宗教』教文館、二〇〇四年
M・チャップマン『聖公会物語――英国国教会から世界へ』岩城聰訳、かんよう出版、二〇一三年
古屋安雄『宗教の神学――その形成と課題』ヨルダン社、一九八五年

その他

村上伸『いまを生きる』新教出版社、一九八四年
村上伸『あなたはどう生きるか』新教出版社、一九九七年
森本あんり『現代に語りかけるキリスト教』日本基督教団出版局、一九九八年
芦名定道・土井健司・辻学『現代を生きるキリスト教――もうひとつの道から』教文館、二〇〇〇年
土井健司『キリスト教を問いなおす』筑摩書房、二〇〇三年
石田明人『キリスト教と戦争』中央公論新社、二〇一六年
J・H・クラウセン『キリスト教のとても大切な101の質問』高島市子訳、創元社、二〇一〇年
『日本聖公会祈祷書』日本聖公会管区事務所、一九九一年
岩城聰『聖公会の教会問答――信仰の手引き』聖公会出版、二〇一三年
吉田雅人『今さら聞けない⁉ キリスト教――礼拝・祈祷書編』(ウイリアムス神学館叢書Ⅰ)教文館、二〇一五年
黒田裕『今さら聞けない⁉ キリスト教――聖書・聖書朗読・説教編』(ウイリアムス神学館叢書Ⅱ)教文館、二〇一八年

図版出典一覧

11頁　「舞い降りる鳩」（聖霊降臨）W・E・ポウスト『キリスト教シンボル・デザイン事典』木寺廉太訳、教文館、二〇〇七年、一九頁

16―17頁　菊地榮三・菊地伸二『キリスト教史』教文館、二〇〇五年、付録二―三頁

20頁　同、付録六頁

41頁　『キリスト教大事典』（改訂新版）教文館、一九六八年、地図六頁

43頁　同上

61頁　成瀬治・佐藤次高・木村靖二・岸本美緒監修『山川世界史総合図録』山川出版社、二〇〇五年、四四頁

67頁　同、四〇頁

71頁　同、四四頁

73頁　同上

74頁　同、四六頁

92―93頁　菊地榮三・菊地伸二『キリスト教史』付録四―五頁

123頁　「船」（教会のシンボル）W・E・ポウスト『キリスト教シンボル・デザイン事典』七七頁

あとがき

科学万能の時代と言われる現代においては、イエスやキリスト教に関する率直な問いにときどき出会うことがあります。たとえば、イエスは本当に奇跡を起こしたのか、本当に甦ったのか、そもそもそのような人は存在したのであろうか……。じっさい、大学でキリスト教の授業を担当しておりますと、そのような質問に直面することがあります。こうした質問に対する一様な回答はないと思っています。ただ、質問した学生が聖書に書かれていることを理解しようとして質問しているのであれば、その質問に寄り添い、いっしょに考えることはできるかもしれませんし、その姿勢は大切にしたいと思っています。質問する人といっしょに考えたり、いっしょに探求する中で、神がともに歩んでくださることを希求したりすることを大切にしたいと考えているからです。

同じようなことが、同時代の人との間だけでなく、時代を超えた人との交わりにおいても言えるのではないでしょうか。他の時代と、あるいは他の時代のさまざまな人や作品と出会うことによって、そこにも神がともに歩んでくださることを求めたいと思いますし、それが歴史を学ぶことのひとつの意味であると確信しています。

わたし自身は、大学時代より、キリスト教の古代・中世という時代に関心を持ち、とくに、古代教会の司教であるアウグスティヌスや中世の神学者であるアンセルムスやトマス・アクィナス等の作品について親しむ機会が多くありました。今日からすると、時代的な隔たりはありますが、かれらの主要な関心はキリスト教や聖書をどのように理解するかということにあるため、聖書を読むときには、たとえば、アウグスティヌスならばどのように読んでいるだろうか、また、現代の問題を考えるときにも、トマス・アクィナスならばどのように応答するだろうか、といった問題の立て方をすることが半ば習慣になっているところがありました。この作品のいくつかのところで、こうした側面が顔を覗かせていることを感じられる方も少なくないと思います。

本書はキリスト教史に関する信徒の方々からの質問がベースになっていますが、とくに、キリスト教の歩みについては、その全体像を理解してもらうことが大切であると判断し、概説的に叙述することを心がけました。とはいえ、紙数も限られているため、必ずしも網羅的なものとはなっていません。さらに学びを深めたい方には、参考文献にあげたような作品へと読み進めていただけると非常にありがたいです。

本書を出版するにあたり、ウイリアムス神学館館長の司祭・黒田裕氏をはじめ、多くの方のお世話になりました。ここに御礼申し上げます。また、キリスト教講座を受講し、さまざまな質問や疑問や意見を投げかけてくださった信徒の方々にも感謝いたします。

最後に、教文館の倉澤智子氏は、わたしの文章に丁寧に目を通してくださり、その言葉がひとりでも多くの読者に届くように、さまざまな助言をしてくださいました。この場を借りて感謝の意を表します。

二〇一九年九月

菊地　伸二

神様との豊かな関係のため

――「ウイリアムス神学館叢書」発刊によせて

ウイリアムス神学館理事長　主教 ステパノ 高地　敬

教会での活動は、そのほとんどが、いや、そのすべてが神様との関係の中で成立しています。ただ、主日礼拝を中心とした信仰生活は長年の間に身に沁みついていて、その内容について意識的に考えることは少ないのではないでしょうか。神様との関係を大切に生かすためにも、教会でのすべてのこと、聖書、礼拝、信仰の内容、教会の歴史、その他の活動などを振り返ることはとても意義深いことです。それを通して、教会の活動の範囲だけでなく、私たちの生活もこの世界のすべても神様のみ手の中にあって、私たち自身が常に神様との関係の中に生き、生かされる存在であることを改めて心に留めることができるでしょう。

特に礼拝のことで言えば、そのそれぞれの要素の歴史や意味を学んで改めて普段の礼拝が生きてくることになります。ただ、礼拝の構成要素や一つ一つの言葉の意味は二千年の教会の歴史の中で発展してきていて、それが「伝統」となり、現代人の目からは矛盾や不合理として捉えられるものもあります。その矛盾や不合理をどのように受け止めるのか、悩みながらも考えをめぐらせて学ぶことができればと思います。

これら教会関係の学びのため、この度、ウイリアムス神学館叢書を発刊することとなりました。これは京都地方部でお働きになった永田保治郎師とその宣教の姿勢を記念する皆様から当神学館に多額の御献金をいただいたことがきっかけとなっております。神学館といたしましてその御趣旨を大切にし、「永田保治郎師記念基金」として研究や教育のために用いさせていただきます。神様のお働きの一端を至らないながらも担わせていただいている者として、関係の皆様に心より感謝いたしまして、教会の皆様と共に学ぶ機会が一層与えられたものと受け止めております。私たちの神学館は神学生が数人ととても小さなものですが、小回りの利く利点を生かして着実に叢書を発刊してまいります。どうぞご一読いただきまして、ご感想や不明な点などお聞かせいただければ幸甚に存じます。

神様と教会との関係をより一層豊かにするため、この叢書が少しでも多く役立てばと心から願っております。

年　表

I　古代・中世のキリスト教

	ローマ皇帝	キリスト教史	一般史
	前27-後14 アウグストゥス	前4頃 イエス誕生	前27 元首政のはじまり 前4 ヘロデ死去
1			6 ユダヤ，ローマの直轄地となる
	14-37 ティベリウス		
			26 ポンテオ・ピラト，ユダヤ総督となる（-36）
		27-29頃 洗礼者ヨハネの活動	
		30-32頃 イエスの十字架刑．エルサレムに教会成立	
		33-34頃 パウロの回心	
	37-41 カリグラ		
	41-54 クラウディウス		41 ヘロデ・アグリッパ2世，全ユダヤの王となる（-44）
		47-48頃 パウロの第1回宣教旅行	
		49頃　使徒会議	
		50-52頃 パウロの第2回宣教旅行	
	54-68 ネロ	52-56頃 パウロの第3回宣教旅行	
		58-59頃 パウロ，ローマに護送される	
		64 ネロのキリスト教徒迫害	64 ローマの大火
			66 第1次ユダヤ戦争，エルサレム陥落（-70）
	69-79 ウェスパシアヌス		
	79-81 ティトゥス		
	81-96 ドミティアヌス	95-96 ローマと小アジアで迫害	
	96-98 ネルウァ		96 五賢帝時代始まる（-180）
	98-117 トラヤヌス		
101		10頃 アンティオキアのイグナティオス殉教	
	17-38 ハドリアヌス		32 第二次ユダヤ戦争（バル・コクバの乱）(-35)
	38-61 アントニヌス・ピウス	56頃 ポリュカルポス殉教	
	61-80 マルクス・アウレリウス	65頃 ユスティノス殉教	
		77頃 ルグドゥヌム（リヨン）とヴィエンナで大迫害起こる	
	80-92 コンモドゥス	80頃 パンタイノス，アレクサンドリア教校（ディダスカレイオン）を起こす	
		89 教皇ウィクトル1世（-99）	
	93-211 セプティミウス・セウェルス	99 教皇ゼフィリヌス（-217）	
201		02頃 エイレナイオス，オリゲネスの父殉教	
			08 ブリタニア遠征
	11-17 カラカラ	12 アントニヌス勅法公布	12 カラカラ帝，全自由人にローマ市民権を与える
		15頃 アレクサンドリアのクレメンス没	

	ローマ皇帝	キリスト教史	一般史
		17 教皇カリストゥス1世（-22） 対立教皇ヒッポリュトス（-35）	
	18-22 ヘリオガバルス		
	22-35 アレクサンデル・セウェルス	22-25頃 テルトゥリアヌス没	
		25-30頃 オリゲネス『原理論』	26 ペルシア，ササン朝成立（-651）
		30 教皇ポンティアヌス（-35）	
	35-38 マクシミヌス・トラクス	35 教皇アンテルス（-36）	35 軍人皇帝時代始まる（-84）
		36 教皇ファビアヌス（-50）	
	38-44 ゴルディアヌス3世	40-50 ノウァティアヌス『三位一体論』	42 ペルシア戦争（-44） 42頃 マニ教，ペルシアで宣教開始
	44-49 フィリップス・アラブス	46-48頃 オリゲネス『ケルソス反論』	
	49-51 デキウス	50 全国的な大迫害 51 キプリアヌス『カトリック教会の一致について』	
	51-53 ガルス	51 教皇コルネリウス（-53）	
	53-60 ウァレリアヌス	53-54 オリゲネス没	53 ゴート族、小アジア・ギリシアに侵入
	53-68 ガリエヌス	57 ヴァレリアヌス第1勅令による迫害 58 同第2勅令による迫害	
	68-70 クラウディウス2世	68 アンティオキア会議，サモサタのパウロスの異端を宣言	
		69 教皇フェリクス1世（-74）	69 プロティノス没
	70-75 アウレリアヌス		72 アウレリアヌス，パルミュラ王国を滅ぼす
	74-76 タキトゥス		
	76-82 プロブス	80頃 啓蒙者グレゴリオス，アルメニア伝道	77 マニ教開祖マニ処刑
	82-83 カルス		
	83-84 ヌメリアヌス		
	83-85 カリヌス		
	84-305 ディオクレティアヌス		84 東方的専制君主制を樹立
	86-305 マクシミアヌス		93 帝国四分治制始まる
301			
		03 ディオクレティアヌスの第1，第2，第3勅令による迫害	
		04 同，第4勅令による迫害	
	05-06 コンスタンティウス・クロルス		
	05-11 ガレリウス	11 ガレリウスの寛容令	
	06-07 セウェルス		
	06-08 マクシミアヌス		
	06-12 マクセンティウス		12 コンスタンティヌス，ミルヴィウス橋の戦いでマクセンティウスを破る
	08-13 マクシミヌス	12 マクシミヌス（ダイア）の最後の迫害	
	08-24 リキニウス	13 コンスタンティヌス，リキニウス連署の寛容令（『ミラノの勅令』）公布	14-23 コンスタンティヌスとリキニウスの対決
	24-37 コンスタンティヌス1世	25 ニカイア公会議	24 リキニウスを破り，ローマ帝国を統一

	ローマ皇帝	キリスト教史	一般史
		28 アタナシオス，アレクサンドリア司教となる	
		35 アタナシオス追放（-37，第1回）	30 ローマからコンスタンティノポリスへ遷都
	37-40 コンスタンティヌス2世	37 教皇ユリウス1世（-52）	37 コンスタンティヌス1世の三子による帝国分割
	37-50 コンスタンス	39 アタナシオス追放（-46，第2回）	
	37-61 コンスタンティウス2世	54 アウグスティヌス生まれる	
	61-63 ユリアヌス	62 アタナシオス追放（-63，第3回） 63 ユリアヌス『キリスト教徒駁論』	61 ユリアヌス，単独支配者となる．異教の復興を図る
	63-64 ヨウィアヌス		
	64-78 ウァレンス［ローマ東部］	65 アタナシオス追放（-66，第4回）	
	64-75 ウァレンティニアヌス1世［ローマ西部］	73 アタナシオス没	
	75-83 グラティアヌス		75 西ゴート族の移動（ゲルマン民族大移動開始）
	75-92 ウァレンティニアヌス2世	79 大バシレイオス没	
	83-88 マクシムス		
	92-94 エウゲニウス		
	79-95 テオドシウス1世	81 コンスタンティノポリス公会議 86 アウグスティヌスの回心 87 エルサレムのキュリロス没	
		94 ニュッサのグレゴリオス没	92 テオドシウス1世，キリスト教を国教とする
	95-408 アルカディウス［東ローマ帝国］	96 アウグスティヌス，ヒッポの司教となる 97 カルタゴ教会会議，正典を決定．アンブロシウス没	95 ローマ帝国，最終的に東西に分裂
	95-423 ホノリウス［西ローマ帝国］	00頃 アウグスティヌス『告白録』［西］	
401			
		01 教皇インノケンティウス1世（-17）［西］	01 西ゴート王アラリクス，イタリアに侵入
	08-50 テオドシウス2世［東］	04頃 ヒエロニムス，ウルガタ訳聖書完成［西］ 11-31 ペラギウス論争［西］	02 西ローマ，都をラヴェンナに移す 18 西ゴート王国建設
		13-26 アウグスティヌス『神の国』	
	21 コンスタンティウス3世［西］	22 教皇ケレスティヌス1世（-32） 30 アウグスティヌス没	
	25-55 ウァレンティニアヌス3世［西］	31 エフェソ公会議（皇帝テオドシウス2世招集）	
		40 教皇レオ1世（-61）	39 ゲイセリック，ヴァンダル王国を建設
		49 エフェソ〈強盗〉会議 レオ1世『教義書簡』	49頃 アングロ・サクソン族，ブリタニアに侵入
	50-57 マルキアヌス［東］	51 カルケドン公会議（皇帝マルキアヌス招集）	51 フン族の王アッティラ，ガリアに侵攻
	55 ペトロニウス・マクシムス［西］		
	55-56 アウィトゥス［西］		
	57-61 マヨリアヌス［西］		

	ローマ皇帝	キリスト教史	一般史
	57–74 レオ1世［東］	59 柱頭行者シメオン没［東］	
	61–65 リウィウス・セウェルス［西］		
	67–72 アンテミウス［西］		70頃 西ゴート，全イスパニアを征服
	72 オリブリウス［西］		
	73–74 レオ2世［東］		
	73 グリケリウス［西］		
	74–75 ユリウス・ネポス［西］		
	74–91 ゼノン［東］	76 キリスト単性論論争（–681）［東］	
		82 皇帝ゼノン，勅令『ヘノティコン』発布	
		84 東西教会分裂（アカキオス分派–519）	
	75–76 ロムルス・アウグストゥルス［西］		76 西ローマ帝国滅亡
			81 クロヴィス，フランク王となる
		96頃 クロヴィス，キリスト教に改宗	
	91–518 アナスタシウス1世［東］		
	東方のキリスト教	西方のキリスト教	一般史
501			
	18–27 ユスティヌス1世		
	27–65 ユスティニアヌス1世	29頃 ベネディクトゥス，モンテ・カシーノに修道院を創設	29 アテネのアカデメイア閉鎖
			33 ユスティニアヌス法典（ローマ法大全）成る
	53 第2コンスタンティノポリス公会議（ユスティニアヌス1世招集）		
		63頃 コロンバヌス，アイオナ島に修道院を創設	
	65–78 ユスティヌス2世		
	78–82 ティベリウス2世		71頃 ムハンマド（マホメット）生れる
	82–602 マウリキウス		89 中国，隋の天下統一
		90–604 教皇グレゴリウス1世	
		91頃 グレゴリウス1世『牧会規定書』	
		96 グレゴリウス1世，修道院長アウグスティヌスをイングランドに派遣	
601			
	02–10 フォカス	08–15 教皇ボニファティウス4世	10頃 イスラム教成立
	10–41 ヘラクリウス	25–38 教皇ホノリウス1世	18 中国，唐朝成立（–907）
	42–68 コンスタンス2世	35 アイダン，リンディスファーン修道院を創設	22 ムハンマドのヘジラ（聖遷）・イスラム暦元年
	68–85 コンスタンティヌス4世	57–72 教皇ヴィタリアヌス	45 大化の改新
		64 ホイットビー会議	
		78–81 教皇アガト	

	東方のキリスト教	西方のキリスト教	一般史
	80–81 第3コンスタンティノポリス公会議		
	85–95 ユスティニアヌス2世	87–701 教皇セルギウス	
701	26 皇帝レオ3世，聖画像（イコン）崇拝を禁止；聖画像論争始まる 50 ダマスコのヨアンネス没	15–31 教皇グレゴリウス2世 31–41 教皇グレゴリウス3世 52–57 教皇ステファヌス3世 56 小ピピン，ラヴェンナ太守領を教皇に寄進；教皇領の始まり 72–95 ハドリアヌス1世	11 イスラム軍，西ゴート王国を征服 32 カール・マルテル，イスラム軍を撃退 68 フランク王カール大帝即位
	87 第2ニカイア公会議		
		95–816 教皇レオ3世 00 カール大帝，クリスマスの日に，レオ3世より再興西ローマ皇帝の王冠を受ける	94 平安京遷都
801	43 コンスタンティノポリス会議（主教会議）；聖画像破壊に終止符 58 フォティオス，コンスタンティノポリス総主教となる（–67）	09 アーヘン会議；「フィリオクェ」を承認 27–44 教皇グレゴリウス4世 47–55 教皇レオ4世 50頃 『偽イシドルス教令集』出現 58–67 教皇ニコラウス1世 67–72 教皇ハドリアヌス2世	14 カール大帝没 43 ヴェルダン条約（フランク王国の三分割）
	69–70 第4コンスタンティノポリス公会議		70 メルセン条約
	79 コンスタンティノポリス会議；東方の認める公会議	72–82 教皇ヨハネス8世 91–96 教皇フォルモスス	71 イングランド王アルフレッド大王即位（–99）
901	63 アトス山の修道院創設 88 キエフ（ロシア）大公ウラジーミル1世の受洗 89 ウラジーミル1世，ギリシア正教を国教とする	10 クリューニー修道院創設 55–64 教皇ヨハネス12世 85–96 教皇ヨハネス15世 89頃 「神の休戦」運動始まる 99–03 教皇シルヴェステル2世	36 オットー1世（大帝）即位 60 中国，宋朝成立 62 オットー大帝，ヨハネス12世より戴冠；神聖ローマ帝国の始まり
1001		12–24 教皇ベネディクトゥス 40 「神の休戦」を制定 46 ストリ教会会議；皇帝ハインリヒ3世，三教皇を罷免 49–54 教皇レオ9世；教会の改革に着手	16 デンマーク王クヌード2世，イングランドを支配（–35）
	54 東西（ギリシア，ラテン）両教会の最終的分裂		
		73 ヒルデブラント，教皇グレゴリウス7世となる 76 グレゴリウス7世と皇帝ハインリヒ4	66 ノルマンディー公ウィリアム，イングランドを征服；ノルマン王

	東方のキリスト教	西方のキリスト教	一般史
		世の闘争始まる	朝始まる（−1154）
		77 カノッサ事件	81 アレクシオス1世，ビザンティン［東ローマ］皇帝となる（−1118）
		88−99 教皇ウルバヌス2世	
		93 アンセルムス，カンタベリー大主教となる	
		95 クレルモン会議；ウルバヌス2世，十字軍を結成	
	96−99 第1回十字軍		
	99 エルサレム王国成立	98 シトー会創設	
1101			
		15 クレルヴォー修道院創設	
	19 テンプル騎士団結成	22 ヴォルムス協約	
		23 第1ラテラノ公会議	
		39 第2ラテラノ公会議	
	47−49 第2回十字軍		50頃 パリ大学認可
	55 カルメル修道会結成（パレスチナ）	59−81 教皇アレクサンデル3世	
		70 トマス・ベケット殺害される	70頃 オックスフォード大学創立
		79 第3ラテラノ公会議	
	89−92 第3回十字軍		92 鎌倉幕府成立
		98−16 教皇インノケンティウス3世	
1201			
	02−04 第4回十字軍；コンスタンティノポリスを占領		04 東ローマ帝国（ビザンティン帝国）分裂
			04 ラテン帝国成立
		06頃 フランチェスコの回心	06 ニカイア帝国成立
		15 第4ラテラノ公会議	15 イングランド王ジョン，「マグナ・カルタ」に署名
		16 ドミニコ会認可	
	17−21 第5回十字軍		
		23 フランシスコ会認可	24 親鸞『教行信証』
		27−41 教皇グレゴリウス7世	
	28−29 第6回十字軍		30頃 ケンブリッジ大学創立
		45 第1リヨン公会議	
	48−50 第7回十字軍		54−73 神聖ローマ帝国，大空位時代
		65−73 トマス・アクィナス『神学大全』	61 ミハイル8世，東ローマ帝国を復興
	70 第8回十字軍		
		74 第2リヨン公会議	71 中国，元朝の成立
	91 十字軍の終結；エルサレム王国滅亡	94−03 教皇ボニファティウス8世	99 オスマン帝国成立（−1922）
1301			
		02 ボニファティウス8世，教書「ウナム・サンクタム」を発布	
		03 アナニ事件	
		09 教皇庁，アヴィニョンに移される．「教皇のバビロニア捕囚」始まる（−77）	
		11−12 ヴィエンヌ公会議	
	26 キエフ府主教座，ウラジーミルからモスクワへ移る	16−34 教皇ヨハネス22世	
		27 エックハルト没	37 英仏の百年戦争起こる（−1453）
			38 室町幕府成立

<table>
<tr><th></th><th>東方のキリスト教</th><th>西方のキリスト教</th><th>一般史</th></tr>
<tr><td></td><td>66 ダマスカス，アンティオキアの総主教座となる</td><td>47 オッカム没
70-78 教皇グレゴリウス11世，77-教皇庁をローマに移す
78 大シスマ始まる（-1415）
82頃 ウィクリフ，英訳聖書を完成</td><td>(-1573)
47-51 西欧にペスト流行
68 中国，元滅亡，明成立（-1644）
92 朝鮮，李氏朝鮮成立（-1910）</td></tr>
<tr><td>1401</td><td></td><td></td><td></td></tr>
<tr><td></td><td></td><td>09 ピサ会議；三教皇の鼎立
14-18 コンスタンツ公会議
15 フス火刑</td><td></td></tr>
<tr><td></td><td colspan="2">31-49 バーゼル・フェララ・フィレンツェ公会議（東西両教会の合同宣言）</td><td>50頃 グーテンベルク，活版印刷術を発明</td></tr>
<tr><td></td><td>48 モスクワ府主教，コンスタンティノポリスから独立</td><td>47-55 教皇ニコラウス5世
57 ボヘミア兄弟団が形成される
58-64 教皇ピウス2世
71-84 教皇シクストゥス4世
83 ルター生れる
91 イグナティウス・デ・ロヨラ生まれる
92-03 教皇アレクサンデル6世
98 サヴォナローラ火刑</td><td>53 コンスタンティノポリス陥落；東ローマ帝国（ビザンティン帝国）滅亡
79 スペイン王国成立
85 イングランド，テューダー王朝創始
92 スペイン，グラナダを併合；レコンキスタ完成</td></tr>
</table>

Ⅱ　宗教改革，近・現代のキリスト教

	プロテスタント	カトリック・東方教会	一般史
1501	05 ルター，アウグスティヌス隠修士会入会 12 ルター，塔の経験 17 ルター「九十五箇条提題」；宗教改革時代の始まり 20 ルター，宗教改革三大文書刊行 22 ルター『ドイツ語訳新約聖書』 29 新教諸侯，皇帝の命に抗議し，「プロテスタント」と呼ばれる 30 ドイツ「アウグスブルク信仰告白」 36 カルヴァン『キリスト教綱要』 46 ルター没 46–47 シュマルカルデン戦争 49 イングランド「第一祈禱書」 49 スイス「チューリヒ一致信条」 52 イングランド「第二祈禱書」 53 イングランド「四十二箇条」 55 アウグスブルク宗教和議 60 ノックス「スコットランド信仰告白」を作成 60 「ジュネーヴ聖書」 63 イングランド「三十九箇条」制定 66 「スイス第二信条」 67 イングランド，ピューリタン（清教徒）の離教始まる 77 ドイツ「和協信条」起草 80 ドイツ「和協信条書」公刊 82 イングランド；ブラウン，分離主義提唱 93 フッカー『教会政治理法論』 95 イングランド「ランベス条項」	03–13 教皇ユリウス2世 12–17 第5ラテラノ公会議 13–21 教皇レオ10世 16 エラスムス『ギリシア語新約聖書』 23–34 教皇クレメンス7世 34–49 教皇パウルス3世 40 イエズス会認可 45–47 トリエント公会議 第1期 48 ロヨラ『心霊修業』 49 フランシスコ・ザビエル，日本伝道を開始 50–55 教皇ユリウス3世 51–52 トリエント公会議 第2期 56 ロヨラ没 59–65 教皇ピウス4世 62–63 トリエント公会議 第3期 66–72 教皇ピウス5世 72–85 教皇グレゴリウス13世 72 聖バルテルミー祝日の虐殺 82 グレゴリオ暦 88 ローマ聖庁の改革 89 ロシア正教会成立 98 フランス「ナントの勅令」	09 イングランド，ヘンリー8世即位（–47） 16 トマス・モア『ユートピア』 19 レオナルド・ダ・ヴィンチ没 32 マキャヴェリ『君主論』 47 イングランド，エドワード6世即位（–53） 53 イングランド，メアリ1世即位（–58） 58 イングランド，エリザベス1世即位（–1603） 73 室町幕府滅亡 79 ユトレヒト同盟 81 オランダ独立宣言 87 秀吉，伴天連追放令 88 スペインの無敵艦隊撃滅 97 二十六聖人の殉教
1601	04 オランダ，アルミニウス論争始まる 08 ドイツ，プロテスタント諸侯，「連合（ウニオン）」を結成 09 ドイツ，カトリック諸侯「同盟（リガ）」を結成 11 イングランド「欽定訳聖書」	05–21 教皇パウルス5世 06 教皇，都市国家ヴェネチアと争う	03 江戸幕府成立．イングランド，ジェームズ1世即位（–25） 13 ロシア，ロマノフ朝成立

	プロテスタント	カトリック・東方教会	一般史
	18 ドイツ，三十年戦争勃発	21–23 教皇グレゴリウス15世	16 中国，後金（清朝の前身）成立
	20 フランス，ユグノーの反乱（–29）	22 教皇庁に布教聖省設立	
	20 イングランド，メイフラワー号出航	23–44 教皇ウルバヌス８世	25 イングランド，チャールズ１世即位
	28 イングランド「権利の請願」	33 ガリレオ裁判	33 日本第１次鎖国令
	42–48 ピューリタン革命	40 ヤンセン論争起こる	42 ガリレオ没
	43–53 イングランド，ウェストミンスター会議，「信仰告白」を作成	44–55 教皇インノケンティウス10世	43 仏王ルイ14世即位（–1715）
	48 ドイツ，ウェストファリア条約；三十年戦争終結	52 ロシア，総主教ニコンの典礼改革運動	50 デカルト没
		53 パリ伝道協会設立	
	60 イングランド，王政復古	55–67 教皇アレキサンデル7世	60 イングランド，チャールズ２世即位（–85）
	62 イングランド，国教会統一令	62 パスカル没	
	70 ドイツ，シュペーナー，敬虔主義運動を起こす		
	72 ロンドン，フレンド派成立		
	81 ウィリアム・ペンのアメリカ移住	82 ガリカニズム論争起こる	82 ロシア，ピョートル大帝即位（–1725）
		85 「ナントの勅令」廃止	85 イングランド，ジェームズ２世即位（–88）
	88 イングランド，名誉革命		
	89 イングランド，信教自由令，権利宣言		89 イングランド，ウィリアム３世即位（–1702）
	95 ドイツ，フランケ，ハレに孤児院・貧民学校を設立		
	98 イングランド，キリスト教知識普及協会（SPCK）設立	1700–21 教皇クレメンス11世	
1701	01 イングランド，海外福音宣教協会（SPG）設立		04 ジョン・ロック没
	06 デンマーク，ハレ・ミッション	09–11 ポール・ロワイヤル女子修道院破壊される	07 大ブリテン王国成立
		13 ヤンセン主義への異端宣告	15 仏王ルイ15世即位
			17 中国，清朝，キリスト教布教を禁止
	27 ドイツ，ツィンツェンドルフ，モラヴィア兄弟団を組織		24 カント誕生
		30–40 教皇クレメンス12世	
	34–35 北米，J・エドワーズの信仰復興運動		
	38 イングランド，J・ウェスレーの回心	38 教皇，秘密結社加入を禁止	
	40 ウェスレー，メソジスト会を結成	40–58 教皇ベネディクトゥス14世	
		50 フランスとスペイン，イエズス会を追放	
	68 シュライエルマッハー生れる	58–69 教皇クレメンス13世	65 ドイツ皇帝ヨゼフ２世即位（–90）
		69–74 教皇クレメンス14世	
		73 教皇，イエズス会に解散命令	74 仏王ルイ16世即位
		75–99 教皇ピウス６世	75 アメリカ，独立戦争

	プロテスタント	カトリック・東方教会	一般史
	81 ドイツ，信仰寛容の布告		76 アメリカ，独立宣言 81 カント『純粋理性批判』
	84 イングランド，レイクス，日曜学校を始める		89 フランス革命
	92 イングランド，バプテスト伝道協会設立		89 アメリカ，ワシントン，初代大統領就任
	95 メソジスト教会，英国教会より分離	98 教皇領一時廃止され，教皇ピウス６世捕らえられる	
	99 シュライエルマッハー『宗教論』		
	99 英国教会宣教協会（CMS）設立	1800–23 教皇ピウス７世	

	プロテスタント	カトリック・東方教会	アジア・中南米・アフリカ・日本	一般史
1801		01 教皇とナポレオンの政教条約	01 朝鮮，キリスト教大迫害	01 大ブリテン・アイルランド連合王国成立
	10 アメリカン・ボード成立			06 神聖ローマ帝国崩壊
	16 アメリカ聖書協会設立	14 教皇領の再建，イエズス会の再建	11 清，全国的なキリスト教迫害	
	17 ドイツ，プロテスタント合同（–17）	19 メーストル，教皇至上権主義を主張	14 A. ジャドソン夫妻（北米），ビルマ宣教	15 仏王ルイ18世復位（–24）
	25 米国ユニテリアン協会設立	22 パリ福音伝道協会		
	28 イングランド，審査律の廃止	23–29 教皇レオ12世		28 シーボルト事件
	30 ドイツ，古ルター派教会分離．北米，モルモン教団設立	31–46 教皇グレゴリウス16世		31 ヘーゲル没 32 ゲーテ没
	33『時事論報』発刊，オックスフォード運動始まる	33 ギリシア教会の独立宣言		
	34 シュライエルマッハー，コールリッジ没			
	35 シュトラウス『イエス伝』			
	36 北米，ユニオン神学校創立		37/40 ギュツラフ，最初の日本語聖書（ヨハネの福音書，ヨハネの手紙）を刊行	
	38 北米，長老教会２派に分裂			
	40– テュービンゲン学派			40 清，アヘン戦争（–42）
	43 スコットランド教会分裂；スコットランド自由教会設立			
	44 イングランド，YMCA創立（ロンドン）	44 ミーニュ『ラテン・ギリシア教父著作集成』刊行開始	46 ベッテルハイム，琉球伝道開始	48 マルクス『共産党宣言』
	45 ニューマン，カトリックに改宗	46–78 教皇ピウス９世	51 清，太平天国の乱（–64）	
	50– ドイツ，エルランゲン学派．調停神学			
	52 カナダ，政教分離宣言			58 日米修好通商条約
	55 キルケゴール没	54 聖母無原罪の宿りの教義を宣言		
	55 イングランド，YWCA創立（ロンドン）		59 最初のプロテスタント宣教師，J. リギンズ，C. M. ウィリアムズら来日	59 ダーウィン『種の起源』

	プロテスタント	カトリック・東方教会	アジア・中南米・アフリカ・日本	一般史
	60 北米，セヴンスデー・アドヴェンティスト設立 65 ニューマン『アポロギア』．ブース，救世軍を設立 67 イギリス，第1回ランベス会議 72 北米，「エホバの証人」運動始まる 73 ドイツ，文化闘争（-80；ビスマルク宰相対カトリック教会） 79 北米，「クリスチャン・サイエンス」集会始まる 86 K. バルト生れる．ハルナック『教理史』（-89） 88 ランベス四綱領 90- ドイツ，宗教史学派 92 イギリス，学生キリスト者運動（SCM）創立 95 世界学生キリスト教連盟（WSCF）結成 1900 スコットランド合同自由教会成立．スイスの宗教社会主義運動	63 ルナン『イエス伝』 64 教皇，「誤謬表」を発表 69-70 第1ヴァティカン公会議 70 教皇領，イタリアに併合 71 復古カトリック教会成立 78-1903 教皇レオ13世 79 セルビア正教会独立 85 ルーマニア正教会独立 92 厳律シトー会成立 96 教皇，英国教会の叙階の無効性を宣言 1900 東方正教会，15ないし17の独立教会に分裂	61 正教会のニコライ，来日 62 横浜に日本初のカトリック天主堂建立 65 大浦天主堂建立．キリシタンの復活 67 浦上四番崩れ 72 横浜に日本基督公会設立 73 キリシタン禁制高札撤去 78 内村鑑三，新渡戸稲造ら受洗 79 日本，委員会訳新約聖書完成 80『六合雑誌』創刊 84 植村正久『真理一斑』 87 日本聖公会成立 88 委員会訳聖書完成祝賀会 91 内村鑑三不敬事件 95 H. リデル，熊本回春病院創立 96 日本基督教会，台湾伝道を開始	61 南北戦争（-65） 67 大政奉還・維新政府成立 68 明治元年 71 ドイツ帝国成立 76 朝鮮の開国 82 三国（独・墺・伊）同盟成立 89 大日本帝国憲法発布 94 日清戦争 99 清，義和団事件（北清事変） 1900 ニーチェ没
1901	01 米国標準訳聖書（ASV） 08 第1回全聖公会会議（ロンドン）	03-14 教皇ピウス10世 05 フランス，政教分離法 07 教皇，近代主義を非難	01 20世紀大挙伝道．植村・海老名の論争 03 日本YMCA同盟．フィリピン独立教会発足 08 波多野精一『基督教の起源』	01 ヴィクトリア女王没 04 日露戦争勃発 05 第一次ロシア革命

	プロテスタント	カトリック・東方教会	アジア・中南米・アフリカ・日本	一般史
			09 日本，プロテスタント宣教50年記念会．韓国，百万人救霊運動開始	
	10 エディンバラ世界宣教会議（WMC）			10 フロイト『精神分析』．日韓併合
			12 神仏基「三教合同」	
		14-22 教皇ベネディクトゥス15世		14 第1次世界大戦（-18）
	17 オットー『聖なるもの』	17 新教会法成立		17 ロシア革命
		18 ソ連，教会財産を没収，宗教教育を禁止する	18 内村鑑三ら，再臨運動開始	
	19 バルト『ロマ書』（初版）			19 ヴェルサイユ講和条約
			20 東京で第8回世界日曜学校大会	20 国際連盟成立
	21 国際宣教協議会〔IMC〕設立	22-39 教皇ピウス11世		
	23 弁証法神学起こる．北米，根本主義と自由主義との論争		23 日本基督教連盟成立	
	25 第1回「生活と実践」世界会議		25 中国，キリスト教迫害（-27）	25 ヒトラー『わが闘争』
	27 第1回「信仰と職制」世界会議			27 ハイデッガー『存在と時間』
	29 スコットランド教会合同（国教会と自由教会）	29 ラテラノ協約，ヴァティカン市国成立	29 日本基督教連盟，「神の国運動」開始（-33）	29 世界経済恐慌起こる
				31 満州事変
	32 ドイツ，キリスト者運動起こる			
	33 ドイツ教会闘争（-45）．ティリッヒ，北米に移住	33 教皇庁，ナチス・ドイツと協約		
				34 ヒトラー，総統となる
				37 日中戦争
	39 北米，メソジスト教会合同	39-58 教皇ピウス12世		39 第2次世界大戦（-45）
			40 皇紀2600年奉祝全国基督教信徒大会	
	41- 非神話化論争		41 日本天主公教教団設立，日本基督教団設立	41 太平洋戦争勃発
	42 テンプル，カンタベリー大主教となる			
		43 フランス，労働司祭制度始まる	43 日本，救世軍，きよめ教会に解散命令．セブンスデー，聖公会，カトリックに迫害	43 イタリア降伏
	44 テゼーにプロテスタント修道院設立			
	45 ドイツ福音主義教会解散．W.テンプル没	45 アレクシー，モスクワ総主教に就任（-70）	45 日本基督教朝鮮教団成立	45 ドイツ無条件降伏．原子爆弾広島，長崎に投下される．日本無条件降伏
1946				
			46 日本，教会の再編成始まる	
	47 ルター派世界連盟結成	47 死海文書発見	47 南インド教会成立	
	48 世界教会協議会（WCC）結成・第1回総会（アムステルダム）		48 日本基督教協議会結成	
	49 ドイツでキルヘンターク運動始まる		49 第1回ラテンアメリカ福音会議	49 ドイツ連邦共和国成立．ドイツ民主共和国成立．中華人民共和国成立．湯川秀樹，日本最初のノーベル賞受賞

	プロテスタント	カトリック・東方教会	アジア・中南米・アフリカ・日本	一般史
	50 米国教会協議会成立	50 聖母被昇天の教義制定		50 朝鮮戦争勃発（−53）
			51 南ア，アフリカ改革派教会設立	51 日米安全保障条約調印
		53 スペインでカトリック国教化		
	54 WCC第2回総会（エヴァンストン）	54 労働司祭運動中止	54 韓国，文鮮明，統一教会設立	
	56 西独，良心的兵役拒否認められる．スコットランド教会，メソジスト教会，英国教会間で対話始まる		56 第1回ラテンアメリカ司教協議会	56 スエズ戦争
		58–63 教皇ヨハネス23世	57 東アジア・キリスト教協議会結成	57 ソ連，人工衛星打ち上げ成功
		59 教皇，プロテスタント教会に再一致を呼びかける	59 日本，プロテスタント宣教100年記念式典	
	61 WCC第3回総会（ニューデリー）		60 土井辰雄，日本最初の枢機卿となる	61 ケネディ，米大統領に就任
	62 全米ルター教会合同	62–65 第2ヴァティカン公会議		62 キューバ封鎖事件
		63–78 教皇パウルス6世	63 全アフリカ教会協議会設立	64 東京オリンピック開催
	65 P. ティリッヒ没	65 ローマ教皇とコンスタンティノポリス総主教の和解		
			66 遠藤周作『沈黙』	66 中国，文化大革命起こる
		67 第1回シノドス（世界代表司教会議）		
	68 北米，キング牧師暗殺．WCC第4回総会（ウプサラ）		68 第2回ラテンアメリカ司教協議会	
	69 K. バルト没	69 在米正教会，モスクワ正教会に復帰		69 米国，初の月面着陸に成功
				70 第1回世界宗教者平和会議（京都）
	71 全聖公会中央協議会(ACC)第1回会議		71 グティエレス『解放の神学』	
				72 沖縄返還．日中国交回復
				73 第4次中東戦争
	75 WCC第5回総会（ナイロビ）		75 台湾基督教長老教会，「我らの訴え」	
	76 R. ブルトマン没			76 毛沢東没
		78 教皇ヨハネス・パウルス1世	77 第3回ラテンアメリカ司教協議会	
		78–2005 教皇ヨハネス・パウルス2世	79 マザー・テレサ，ノーベル平和賞受賞	79 ソ連，アフガニスタン侵攻始まる
			80 中国基督教協会設立	
			81 ローマ教皇，マザー・テレサ来日	
	82 聖公会＝カトリック国際委員会『最終報告』			
	83 WCC第6回総会（ヴァンクーヴァー）			
			85 南ア，カイロス文書発表	
				86 ソ連，ペレストロイカ始まる

	プロテスタント	カトリック・東方教会	アジア・中南米・アフリカ・日本	一般史
	88 第12回ランベス会議		87 日本，新共同訳聖書完成	
	91 WCC第7回総会（キャンベラ）	92 教皇，ガリレイの名誉回復	90 南ア，オランダ改革派，アパルトヘイトを罪と認める 92 第4回ラテンアメリカ司教協議会	90 東西ドイツの統一なる 91 湾岸戦争，ソ連の解体（ロシア連邦誕生） 94 南ア，全人種参加の総選挙実施，新体制発足
	98 WCC第8回総会（ハラレ）	96 教皇，進化論を公式に受容 97 教皇，ユダヤ人迫害への謝罪 99 カトリックとルター派，義認の教理に関する共同宣言	96 南ア，アパルトヘイトの撤廃	95 日本，オウム真理教，地下鉄サリン事件
		00 教皇，カトリック教会の過去の罪を謝罪	00 中国，天主教愛国会が独自に司教叙階	
2001				01 米国，同時多発テロ 03 米英，イラクと開戦
	06 WCC第9回総会（ポルトアレグレ）	05 教皇ベネディクトゥス16世 07 教皇，ローマ・カトリック教会の首位性を再確認 ロシア正教会，在外ロシア正教会と和解	07 第5回ラテンアメリカ司教協議会 09 日本，プロテスタント宣教150周年	04 スマトラ沖地震・大津波 07 ペルー，大地震 11 チュニジア，ジャスミン革命 日本，東日本大震災
	13 WCC第10回総会（釜山）	13 教皇フランシスコ	12 ロシア正教会総主教キリル1世来日	
	17 ルター宗教改革500年		18 日本，『聖書協会共同訳』完成 19 第6回ラテンアメリカ司教協議会	

本年表は，菊地榮三・菊地伸二『キリスト教史』（教文館，2005年）巻末付録「年表」に，未収録分（2007-2019年）を新たに加えて転載するものである。

《著者紹介》

菊地伸二（きくち・しんじ）

1961年東京生まれ。京都大学文学部哲学科（西洋中世哲学）卒業、同大学院修士・博士課程修了。平安女学院大学教授を経て、現在、名古屋柳城短期大学教授。

著　書『西洋哲学史の再構築に向けて』（共著、昭和堂、2000年）、『キリスト教史』（共著、教文館、2005年）、『知の礎——原典で読むキリスト教』（共著、聖公会出版、2006年）他

訳　書『年表で読む哲学・思想小事典』（共訳、白水社、2001年）、『アウグスティヌス著作集27　倫理論集』（共訳、教文館、2003年）他

今さら聞けない!?　キリスト教——キリスト教史編

（ウイリアムス神学館叢書Ⅲ）

2019年9月30日　初版発行

著　者　菊地伸二

発行者　渡部　満

発行所　株式会社　教文館

〒104-0061 東京都中央区銀座4-5-1

電話 03(3561)5549　FAX 03(5250)5107

URL　http://www.kyobunkwan.co.jp/publishing/

デザイン　田宮俊和

印刷所　株式会社 真興社

配給元　日キ販　〒162-0814 東京都新宿区新小川町9-1

電話 03(3260)5670　FAX 03(3260)5637

ISBN　978-4-7642-9985-5　Printed in Japan